# 输出式阅读法

## 把学到的知识用起来

〔日〕尾藤克之 著 郭勇 译

頭 が い い 人 の 読 書 術

台海出版社

“我想读的书成千上万，可时间却寥寥无几。”

“我读书的速度和蜗牛有一拼。”

“一本书读完，书里讲的啥，我转头就忘。”

“我读的书是不少，可书里的内容记住得不多。”

“读完一本书，别人问我读后感，我总是支支吾吾说不清楚，还急出一头汗。”

“过年的时候我给自己制定了一个小目标——‘一天读一本书’，结果没过三天就放弃了。”

“因为我注意力不够集中，看似在读书，其实根本没走心。”

“我尝试了一把速读法，结果完败，信心备受打击。”

“我的书桌上，来不及读的书越堆越高……”

有上述烦恼的朋友，请不要着急，我来教您轻松愉快又高效的读书方法。

# 前 言

## 能够轻松读很多书，<br>收获颇丰还有所输出的读书技巧

如今，读书可是个热门话题。

社会上流传着各种各样的所谓“读书方式”。其实，读书的方式千人千样，但总有人担心自己读书的方式不正确。于是，追求所谓正确的读书方式，也就成了一个经久不衰的话题。

据我所知，到目前为止市面上存在数不清的读书技术论、方法论。

比如，“×倍快速阅读法”“×××过目不忘读书术”“×××读书理论”等，不胜枚举。

当然，这些读书理论、方法中，肯定存在值得参考的地方。可是，因为貌似有用的方法实在太多，着实令人难以抉择。而且，即使选择其中几个方法进行实践，也往往因为难度较大，而使人备受挫折。

但从另一个角度看，读书理论、读书方法的大爆炸，也说明想读更多的书、想快速读书的朋友越来越多了，这是一件天大的好事。手捧这本书正在阅读的朋友，你一定就是其中之一。很多朋友对于读书，既充满了期待，也感到烦恼。

那么，到底该如何是好呢？

我先从结论说起，那便是，按照你喜欢的方式阅读，就可以了。也许有点简单粗暴，但事实就是如此。

具体地讲，不必求全责备，一本书不一定每个字都要读。不想读的书，不读就是了。

只要你能掌握本书介绍的读书方法，那么你也能按照自己喜欢的方式享受读书的乐趣。

不适合自己的书、晦涩难懂的书、有任务感的书，应该减少阅读时间；而自己喜欢的书、想读的书、让自己忘记吃饭睡觉的书，应该多花时间去读。

能沉浸在自己真心喜欢的书中，是任何事情都难以比拟的幸福。当遇到这样一本好书的时候，翻页的手总是舍不得停下来，下一页总是隐藏着巨大的吸引力。这样一来，我们自然而然就可以实现快速、深入的阅读。

不过，请先允许我向你提一个问题。

这个月你读的书中，哪一本你觉得最有趣？

请用一分钟简要介绍一下那本书的内容。

你能顺利地讲出来吗?

关于那本书，如果我请你写一篇1500字左右的读后感，你有信心写好吗?

估计敢于拍着胸脯说“没问题！”的朋友，少之又少吧。

即使你一个月读了100本书，却没法把这些书的内容和读后感讲给别人听，或写成文章，那就等于做无用功。读书，我认为是输入，而说、写是相应的输出。没有良好输出的输入，是毫无益处的输入。

只有当我们可以流畅输出的时候，那么所读书本中的知识才能真正成了我们的“血肉”。

听我这么一说，你是不是更不知道怎么读书了?别怕，你接着往下看。

本书教你的读书方法，就是用较短的时间阅读，然后还能将读到的知识有效输出，最关键的是任何人都可以操作，非常简单。

10年来，我几乎每天坚持一本书10分钟读完，再花30分钟做笔记、写感想。这种短时间输入，紧跟着输出的读书法，对我十分有效，今后我还会继续坚持下去。

“10分钟就能读完一本书?还能花30分钟写读后感?这

也太难了吧？”你心里是不是也有这样的疑问或者怀疑？实际上，这并没有你想象的那么困难。

请你记住，本书的一个大原则就是“按照自己喜欢的方式，享受读书的乐趣”。我会恪守这一原则，尽量用浅显易懂的语言告诉你如何在短时间内快速阅读，然后还能高效输出的诀窍。

实际上，善于读书、善于表达的聪明人，并没有什么神秘的、特殊的方法。他们只是有一些小小的技巧，而且任何人一学就会。如果你留心观察一下，在身边就能发现一些虽然工作很忙，却读了很多书的聪明人。

我写这本书的目的，就是把这些聪明人所掌握的小小技巧，以便于实践的形式加以归纳总结，然后教会更多读者，让更多的朋友享受读书的乐趣，收获读书带来的成果。

选择这本书的读者朋友，一定是爱书之人，希望你能依托自己的喜好、按照自己的节奏，逐个实践本书教你的读书小技巧。

每天给自己一个愉快的“读书时间”，坚持下去，你的人生一定会变得无比精彩。

在每天繁忙的工作、琐碎的生活中，开辟哪怕只有半小时的读书时间，也能让我们的内心平静下来。而从书中学到的知识，又能极大地充实我们的工作和生活。

我认为，被喜欢的书籍包围的温暖，徜徉在书海中的惬意，是任何感情都无法比拟的至高幸福。

拿我个人来说，通过实践这些读书小技巧，我读了很多书，学到了很多知识，也输出了很多观点、创意、想法……总而言之，一天一本的读书习惯，帮我实现了快速成长，也让我的人生行情不断“看涨”。

如果这本书能让你爱上读书，能帮助你实现哪怕是一点一滴的进步，我都会感到无比开心。

废话不多说，咱们赶快进入正题吧！

等你把全书读完之后，咱们再一起谈谈心得体会。

CONTENTS

# 目录

## 第一章　聪明人读书与普通人读书

## 第二章 怎样阅读一本书才更合适



## 第三章 聪明人有一套过目不忘的记忆机制

## 第四章 聪明人获取、加工信息的方法



## 第五章 聪明人读书，不仅仅是读完而已

# 第一章 1

CHAPTER

## 聪明人读书与普通人读书

# 01
# 聪明人和普通人，读书方法大不同

速读、精读，都可以。

## 速读，算不上真正的读书

现在，随着读书热潮的蔓延，各种各样的读书方法备受读者朋友的关注。读书会、书评会、读书大赛等活动也如雨后春笋般迅速发展起来。

在日本，所谓“读书术”，大多是指快速阅读的方法和技巧。很多人认为，只要提高读书速度，就可以更高效地阅读大量书籍，从而丰富自己的知识。

现在，市面上也出现了不少关于速读方法的书籍。有的书籍甚至声称可以在 1 分钟内让读者阅读几万字。

书店里介绍速读技巧的书可以称得上琳琅满目、五花八门。这从另一个侧面反映出，有很多人嫌自己读书速度太慢，于是催生了速读类图书的市场。

据日本“速脑速读协会”统计，日本人的平均阅读速度为每分钟 500 至 800 字。作为对比参考，我向大家汇报一下我的阅读速度，一本不太厚的商务图书，我一般 10 分钟就可以读完。以一本书 6 万字估算的话，那我的阅读速度约为每分钟 6000 字。

但是，阅读速度和阅读质量（理解书中内容）是不能画等号的。我认为，读书最重要的是能够把书中有价值的信息，以说、写的形式表达（输出）出来。

只有做到这一点，才能真正理解了书中的内容。

## 即使慢慢精读，如果记不住内容的话，也是白读

也有一些朋友，喜欢慢慢精读。精读也有精读的乐趣，放松地在知识的海洋中漫游，我认为是世界上最幸福的事情。

但是，一字一句慢慢阅读，需要花大量的时间。对于时间充裕的人来说当然不是问题，可对于忙碌的学生、白领来说，

慢慢精读实在是太奢侈了，他们也很难挤出大块时间用于精读。

另外，精读过后，并不一定就能把书中的内容全部吃透。可能大家也有体会，精读一本书后，用不了多长时间，也许是一个月、半个月，也许是一周，书中内容基本上遗忘殆尽了。这样比较起来，还是快速阅读并掌握书中内容，才是更加高效、可取的读书之术。

我觉得重要的是弄清自己读书的目的。慢慢精读一本书，一段时间后也会忘记，如果出于消遣的目的，精读当然可以。对于忙碌的现代人来说，如果以学习知识为目的，我反而不推荐花长时间进行精读。

如果你想在短时间里向头脑内灌输更多的知识，还是速读更合适。

当然，精读也有它的优点。加拿大维多利亚大学的迈克尔·马松教授研究发现，精读可以让人对书中内容的理解更加深入、透彻。所以，如果你遇到一本自己特别喜欢的书，而且时间又很充裕的话，可以采用精读的方式慢慢享受读书的乐趣。

我个人认为，不管是精读还是速读，形式并不重要，重要的是按照自己喜欢的方式阅读。只有用自己喜欢的方式阅读，才能让输入变得更有效，才能获得更多高质量的知识。

## 只要找到“共通点”，跳着读也能把握整体内容

现在大家手里捧的这本书，一般被归类为“商务书籍（或实用书籍）”。阅读过此类书籍的朋友可能都有体会，这类书籍都存在一定“共通点”。

举例来说，教写文章的书籍，一般都会讲解写好文章的重要性；人际关系类书籍，则会阐述构筑人际关系网络的必要性。

商务书籍也存在一定的“共通点”，或者说存在某些无法排除的要素。因此，商务书籍即使跳着读，也不难把握整体内容。

可是，怎样才能找到这些“共通点”呢?

我认为首先应该理解书的主题，然后找到作者内心深处那个“隐藏的主题”。这是找到“共通点”的关键所在。

以我的书为例。

2018年我出了两本书，分别是《让你的写作水平产生剧变的五个方法》（三笠书房）、《立竿见影！保证有效的写作之术》（明日香出版社）。

两书都是教读者写文章的，但它们的隐藏主题却不相同。

一个是“专业作家也不一定了解的写作技巧”，另一个是“文

章之外传达的意思”。

读书的目的不是背诵，而是一边享受读书的乐趣，一边寻找作者的“隐藏主题”，这才是读书最有意思的地方。

例如，像“时间管理术”“笔记术”“沟通术”之类的工作方法书，大多都有一个共同的隐含主题，那就是“这些技巧，不付诸实践的话，没有意义，而且只有在实践过程中才能掌握”。而像报告文学之类的书，隐藏主题多是“要控制感情，尽量客观，不能头脑发热”。

一本书，可以体现出作者的人性。读书的时候，尽量去感知作者的人性，沿着人性的脉络便可以探寻到隐含的主题。

## 读得不开心，就不要读

在读书的过程中，某些地方能与作者产生共鸣，就算得上是“成功的读书”了。而共鸣，可以让人产生莫大的喜悦感，所以说，读书是快乐的。

我希望更多的朋友把读书这个好习惯引入自己的人生。吃饭、泡澡这样放松的时间可以看书，上下班挤地铁的路途中可以看书，休息日更是看书的好时间。只要有读书的意识，它渐渐地会成为我们的生活习惯。

请大家想象一下，在不久的将来，自己享受读书乐趣的样子……

“读书是一种享受”，只要建立这个信念，我们的头脑中自然而然就能浮现出愉快读书的画面。毫不夸张地说，从你决定要享受读书乐趣的那一瞬间开始，你所需要的信息就会在需要的时间被大脑敏锐地捕捉到。

“读书的话我必须要读好书。”“必须学会快速阅读。”……这些强迫观念是令你读书不快乐的重要原因，所以，请放下自己的强迫观念。读书要随性一点，选择让自己快乐的方式读书，才能收获更多。

**聪明人的读书诀窍 01**

读书不快乐，就没有读书的必要。

按照自己的节奏，快乐地读书最重要。

# 02
# 聪明人从不全篇通读，一字不落

一本书不一定非要全部读完。

## 如果一本书读得味同嚼蜡，我建议弃读

“一本书需要从头到尾一字不落地全部读完吗？”

经常有朋友问我这样的问题。

我直接说结论，如果一本书读得很没意思，甚至味同嚼蜡，那不如马上放弃。

前一小节我就讲过，读书呢，最重要的是开心。所以，我们应该尽量减少读那些令人不开心的书，把有限的时间投入到“快乐读书”之中。

对于商务书和实用书来说，一般都倾向于把关键内容（作者最想传达的中心思想）放在最前面。

也就是说，读了前言或第一章，我们大体就可以了解这本书的梗概、整体内容和作者的核心思想。

换句话说，如果第一章读起来就很无聊的话，那后面的章节多半也很无聊，也就没有必要继续读下去了。

我总结一下，对于商务书和实用书来说，读了“前言”“后记”“第一章”之后，全书内容的七成左右我们应该已经了然于胸。

所以，拿到一本商务书或实用书的时候，我会先读“前言”“后记”“第一章”，通过这些部分内容的阅读，如果我感觉这本书没意思、读得不开心，或觉得没必要读，我就不会再继续读下去了。再读下去，多半是浪费时间。

## 10 分钟读完一本书，再花 30 分钟进行输出的技巧

现在，作为专栏作家我会向很多新闻网站投稿。

为新闻网站写作，大约开始于 10 年前。最初，我只是写些时事报道或新闻短评。

可能是因为我发表在新闻网站的文章点击量比较大，突然有一天，有出版社的编辑老师向我发出了邀请，希望我为他们的书写一些书评。

结果，我写的作品在雅虎新闻点击量排名第一，那本书因为我的宣传在亚马逊上热卖数周，很快就进行了再版。

如今，书评网站已经进入“群雄割据”的时期，但在当时，据我所知还没有专门的书评网站。而且，那时几乎没有人能在雅虎新闻这样的门户网站发表读书记事（我写的文章，我不称之为“书评”，而叫作“读书记事”），而定期发表的更是寥寥无几。估计我是日本在门户网站定期发表读书记事的第一人。

其后，随着读者对我文章评价的不断提高，有越来越多的出版社邀请我为他们的书写读书记事。每天我会收到好几本出版社寄来的新书，而且越来越多。

要写读书记事，需要一整套流程，先要读书（输入），然后再以记叙、感想、评论的形式写成文章（输出）。

可是，专栏作家只是我的副业，我还有主业要做，所以没有太多的时间用于读书和写作。

于是，我的节奏是花 10 分钟读完一本书，然后再用 30 分钟写出读书记事，最后用 10 分钟完成投稿。

我读一本书、写一篇读书记事，可以在 1 小时内完成。

我是如何做到的呢？

我写这本书的目的，就是教会大家其中的技巧。

**聪明人的读书诀窍 02**

花10分钟读完一本书，再用30分钟进行输出，是大量阅读、快速成长的诀窍。

# 03
# 聪明人懂得什么是“有效输出”

读完之后可以输出，才算真正读完一本书。

## 不能输出，不算读书

读了一本书，如果不能输出的话，就没有任何意义。这是本书中我反复强调的观点。

到现在为止，我基本上已经读过 10000 本书了（输入），而读书记事，我写了将近 7000 篇（输出）。这几年来，我一年要读 1000 本书，发表 400 篇读书记事。

从这个过程中，我得出一个结论：

输出的基础是理解能力。

有些朋友阅读速度是很快，短时间内可以读很多本书，但如果不能理解书中的内容，那与没读也没什么差别。反过来说，即使花很长时间精读一本书，如果只是循着字面意思去读，不能深入理解的话，一样无法达到理想的读书效果。

不能理解书中的内容，就难以进行有效的输出。读完一本书不能输出，在我看来基本上等于没读过。

## 没有理解，就无法输出

读过一本书，能够有效输出，才算真正读完。

为了进行有效输出，理解书的内容是基础。

那么，该怎么做才能更好、更深入地理解书中内容呢？

在回答这个问题之前，我们先来探讨另一个问题：为什么读了一本书却无法理解书中的内容呢？

无法理解书中的内容，主要有以下理由。

第一个理由，没有掌握读书的技巧。

读书是需要技巧的。其中之一，就是时下流行的“笔记术”。读书的时候如何做笔记，将直接影响你的理解力和记忆力。

第二个理由，所读的书，超越了自己理解能力的范围。

为了提高自己的理解能力，挑战稍高于自己现有理解能力的书，当然是好事。但是，如果硬要读远远超越自己理解能力的书，对于初学者来说，就非常不合适了。

举个例子，比如只有公共英语四级水平的人，要读公共英语六级水平的文章，努努力、查查字典还是可以看懂的。但如果公共英语四级水平的人，一上来就挑战专业英语八级水平的文章，那读起来肯定很困难，甚至会挫伤对英语的兴趣。

当然，我并不是否定向更高目标发起挑战的积极性，但分阶段发起挑战才比较容易成功。将远大目标拆分成若干小目标，各个击破，最终才能实现心中的理想。

拿我来说，读过的书，我会写成读书记事把这本书介绍给更多的读者。为了写读书记事，在读书的过程中我会边读边做笔记。因为这种方式可以加深我对书中内容的理解。

从书中提取信息，并将这些信息灵活应用起来的话，过程需要花费一定的时间。读书的人中，很多希望读过一本书后马上能将书中的知识利用起来，立即见到效果。这个出发点虽然很好，但我奉劝这样的朋友不要太过心急，还是先耐心地把书中的内容吃透最为重要。

## 读书前先选一选

第三种情况是书本身的内容质量不高。

我对市面上很多书的内容不敢恭维，要么是稀松平常的小故事合集，要么是“有毒”的心灵鸡汤，还有很多书根本就没有一个主轴……

这样的书，读过也不会留下什么印象，很快就会忘得一干二净。根本就没有收获，也不能在记忆中留下任何印记，当然也不可能进行输出了。

为了不把我们宝贵的时间浪费在读质量不高的书上，读书之前的选书过程非常重要。

选书的方法有很多种，但我比较推荐去书店，亲手翻一翻，选一选。向书店的店员进行咨询也是个不错的方法。书店店员很多都酷爱读书，运气好的话，如果你碰到的店员刚好爱读书而且又精通你感兴趣的领域，那你可以从他那里得到很大的帮助。选他推荐的书准没错。

我曾经遇到过比某些学者还要专业的书店店员。

我认为，书店里的图书销售情况，可以反映社会的一些基本情况。所以，仅是在书店里逛逛，也是很好的输入，也是对社会状况的一种调查。

## 让“输入＆输出”反复循环起来，实现快速、高效成长

大量读书，输入头脑的知识量自然会水涨船高。

与此同时，我建议大家进行相应的输出。

读了一本书，如果能够源源不断向外输出的话，你能感觉到自己获得了飞跃性的成长。那种成就感是无可比拟的。

当然，读书获得各种各样的信息，向头脑中输入很多知识，既是一件快乐的事情，又可以助己成长。但是，如果只有输入而不进行输出的话，我们改变的只有自己的精神世界，而周围的现实世界并不会发生任何改变。

到底什么是输出？其实就是向外“发送信息”和“采取行动”。

就像我一开始时所说的，读书的大前提是“享受读书的快乐”，但与此同时，为了让自己通过读书获得成长，在读书之后还得进行输出才行。

接下来的章节中我就要为你介绍读书输出的方法。希望你把“输入＆输出”的循环高速运转起来，让自己在短时间内实现飞跃式的成长。

**聪明人的读书诀窍 03**

读书后不能输出，就没有任何意义。
为了输出，先要深入理解。

# 04
# 聪明人读书，让知识真正留在脑中

记忆牢固的读书方法，要点在这里。

## 通过分享，让知识留在头脑中

读过的书，怎样才能把内容深刻记在头脑中呢？我推荐的方法是把自己读到的内容分享给别人。

若要把信息分享给别人，首先，自己必须深刻理解这个信息。当我们把学到的知识经过充分咀嚼，多次反刍，能够解释给别人听的时候，我们就初步具备了应用这些知识的能力。从大的方面说，分享信息给别人，主要有三个好处。

第一个好处，分享信息是重要的社交沟通手段。我们把自己掌握的信息分享给别人，他人也会对我们有所回应，或给以回报。

我读书之后，为了把自己从书中提取的信息分享给更多的读者，便会写读书记事，然后向新闻网站投稿。我必须要以书的内容为基础进行客观的描述、评价。读者读到这样的读书记事，才能获得更加真实、准确的信息。

读者对我的作品也会进行评价。有肯定的，否定的，也有中立的。其实，不管什么样的评价，我（作者）都能学到很多东西。

第二个好处，通过分享信息，让信息更容易整理。我通过写作、发表读书记事，向更多读者分享自己读书的过程、感受，方便读者对相关书籍有一个大体上的把握。与此同时，我发表的文章也自动地按照不同网站、不同时间，自动进行了分类保存。如此整理的信息，日后使用起来将非常方便。

日本很多商务书和实用书，都是把过去的案例重新加以解释，重新成了一本新书。读多了你就会在这类书籍中看到很多相同的案例，只是不同作者有不同的解释罢了。当遇到类似的书籍时，我就会翻阅以前写过的相应读书记事，从中提取有用信息。因为我的文章都是分类整理好的，所以查阅起来非常容易。根据以前的信息读类似的新书，其中的内容和我想象的基本上不会有太大的差距。

像这样，通过分享文章，让网络自动帮忙分类整理文章，就可以节省很多查询、检索的时间，从而大大提高工作效率。

第三个好处是可操作性。在当今社会，只要我们把信息分享到网上，自己也可以在任何地方进行访问。其实不仅仅是读书的感受，日常工作、生活中的各种业务，也可以通过分享而进行异地访问。

书籍是知识的宝库。我们把自己从书籍中获得的知识分享给更多人，让更多人了解、使用这些知识，能够形成更多新的解释、理解，从而使知识进一步升级。这对最初分享知识的我们自己来说，也是一个成长的机会，让我们对那些知识有了更加深入的认识和记忆。

## 分享知识的理想场所

读了一本书，要想把自己学到的知识和众人分享，我觉得最理想的场所应该是“读书会”。我曾见过很多原本不爱读书的人，在参加了“读书会”后爱上读书的例子。

读书会有很多种类型。有全体人员在一段时间内共读一本书，然后交流感想的读书会；也有推荐很多优秀图书作品的读书会。另外，读书会有的收费、有的免费，读者参加的目的不尽相同，参加者的身份也多种多样。

参加读书会的好处到底是什么呢？可以获得自己喜欢的书的相关信息；可以向别人分享自己读书的体会；还可以听到不同读者的不同意见。我参加过读书会，在读书会上我听到了很多趣闻逸事，丰富了我的见识。

人有不同的兴趣爱好、热衷项目、关注领域。参加读书会的人多种多样，他们带来的信息也丰富多彩。因此在读书会上，我们可能接触到以前从不了解或未曾听说的书籍和作家。

实际上，有很多好书都被埋没了，处于有待发掘的状态。如果能在读书会上，通过书友的介绍遇到被埋没的好书，也算得上是意外惊喜。

在读书会上接触到各种类型的书友也是有益的事情。可以激发我们的求知心和好奇心；听到不同的声音，发现看问题的不同视角，也会令人受益匪浅。另外，别人找到一本好书的过程、购买一本好书的动机、读后活用书中知识的经历，都具有非常高的参考价值。

一个人埋头默默地读书，容易陷入“视野狭窄”的危险区。因此，我们不仅要读书，还要学会灵活地读书，多和爱读书的书友交流。长期坚持参加读书会，通过接收书友的信息，发送自己的信息，不仅能够加深对读书的理解，还能锻炼自己的语言表达能力、人际交往能力、信息收集能力。而且，读书的朋友多了，人际关系也就宽了。

## 参加读书会，是高效记忆的好办法

读书会，是爱好读书的朋友们的大聚会。虽然每个参加者的小目的不同，但大家都有一个“爱好读书”的共同理由。因为这个理由聚在一起的人，可以高效分享信息。

我一个朋友在长崎运营了一个读书会——“长盛会”。意为“希望长崎更加繁盛”。“长盛会”自 2012 年创办至今，已经举办了 300 多场读书会。主办者是香川裕、香川世明夫妇。

香川夫妇非常积极地在长崎市推广读书会等活动。他们为不同年龄段、不同职业的读书爱好者提供交流的场所。在读书会上，我的书也被介绍了好几回。

像“长盛会”这种读书会，还有自己的网站，上网就可以查到。而且，他们会把每次读书会的主题提前公布在网上。对读书会感兴趣的朋友，可以先在网上做些调查，找自己感兴趣的主题，然后再报名参加。书友参加之后，还要反思，自己有什么收获和心得，让读书会成为自己读书、学习的强大帮手。

**聪明人的读书诀窍 04**

把读到的内容分享给更多的人，可以加深自己的记忆。

# 05
# 聪明人的读书时间都从哪里来

保证充足的读书时间，人生变得丰富多彩。

## 确保读书时间充足的方法

“我是真心想读书！可无论如何也挤不出时间啊！”

有此烦恼的朋友，恐怕不在少数吧。

不过，我为这些朋友带来了一个好消息。

其实，想增加读书时间，并不是什么难事。

大多数人可能都以为年轻人每天看手机的时间肯定比老年人更长一些。

可是，根据市场调研巨头尼尔森公司的调查，在日本，

18~34 岁的年轻人每天使用智能手机的时间，只比 50 岁以上的人使用手机长 9 分钟。

该数据以 Nielsen Mobile NetView 为依据，显示了日本 2018 年 5 月不同年龄层用户使用智能手机的状况。

当时在日本全国共招募了 8000 名（iOS 和 Android 系统各 4000 名）配合调查的智能手机用户，根据他们的日常使用记录，计算得出了上述结论。

2018 年 5 月，日本使用智能手机访问互联网的用户共有 6752 万人，与 2017 年 5 月的 6149 万人相比，增长了 10% 左右。

另外，日本人使用智能手机访问互联网的总时长为 68 亿小时，与 2017 年 5 月的 58 亿小时相比，增长了 18% 左右。

我们按不同年龄层分析智能手机用户的增长率会发现，49 岁以下用户的增长百分率只是个位数，但 50 岁以上用户的增长率则达到了两位数的 27%。可见，50 岁以上用户是日本智能手机推广的牵引力。

我们再来分析智能手机用户的年龄构成。在日本所有智能手机用户中，50 岁以上用户竟然占到了 37%，是各个年龄层用户中，比例最大的群体。

接下来看不同年龄层用户每天使用智能手机的时间，18~34 岁用户最长，为 3 小时 23 分，但 50 岁以上用户也不甘落后，达到3小时14分，只比年轻人少9分钟。由此可见，近年来，智能手机已经不再是年轻人的专属，上了年纪的长者，似乎每天也离不开智能手机了。

读到这里，大家是不是发现了一个问题？读书的时间，都被智能手机抢走了。

所以，只要放下手机，你就有读书的时间了。我推荐的方法是每天给自己规定一个“不碰手机时段”，在这个时段里把手机放在看不见的地方，就可以腾出自由时间用于阅读了。

大家回想一下30年前，别说智能手机了，很多人连只能打电话的手机都没有，甚至电脑还没有普及，更没有几个人知道GAFA（Google、Amazon、Facebook、Apple，有些公司那时还没有诞生）。可是，那时也没有人觉得生活有什么不方便啊。

随着这些新工具的诞生、普及，我们不得不分出时间来使用它们，于是，读书的时间就被挤占了。现在，我们只要适当减少使用智能手机的时间，自然而然就能腾出时间来读书了。

## 不勉强自己又能养成良好读书习惯的三个方法

怎样才能养成读书的好习惯呢?

我推荐以下三个方法。

### 1. 写读书日记

要想养成读书习惯，必须要持续不断地输出。像我这样读一本书就写一篇读书记事并发表，对于初学者来说难度较高。但写读书日记就容易多了，任何人都能做得到。

自己喜欢的书、想读的书、读后感、内容简介等，读书日记有很多种类和形式。不管哪种形式，只要写读书日记，就可以大大提高读书效率。一开始，只写读书日记就行，把自己喜欢的好词好句记录下来，或者把头脑中闪现的想法写下来，都可以。读书日记不用给别人看，所以不用太在意形式。记读书日记最大的好处，就是可以提高我们读书的意愿。

### 2. 先从轻松的书读起

有一些没有读书习惯，又突然想读书的朋友，往往从电视或报纸上看到某本畅销书的介绍，就迫不及待地去买了一本。结果发现厚厚的一本，好几百页，读了一会儿就看不下去了，扔到一边成了“烂尾书”。

对于不善于读书的朋友来说，一上来就读几百页的厚书，负担有些重。这样的朋友要想逐渐养成读书的习惯，一开始最好从便于携带的薄书开始读起。日本有一种小开本的文库本书籍，我认为是入门者最理想的选择。

如果一本书读起来感觉很费劲儿，甚至因为晦涩难懂读出了痛苦的感觉，那我建议你赶快停下来，别读了。读书，不是苦修。如果强迫自己读下去，最终有可能讨厌读书，那就堵死了自己读书的道路。所以，在发展到这个地步之前，最好停下来，难懂的书就先放一放。

### 3. 把书放在一眼就能看见的地方

一眼就能看见书，可以在无意识之间刺激自己读书的欲望。

我的枕边随时放着几本书。读书，已经成为我睡前的一个重要仪式。

我上小学的时候，第一次接触到轻小说。其中就有科幻小说作家眉村卓先生的《扭曲的城市》，当时我就疯狂地爱上了那部小说。至今我的枕边常备那本书。

另外，一条真也先生所著的《从心玩乐》《玩乐的神话》也是我的爱读之书。这两本书的出版时间分别是 1988 年和

1989年，正值日本泡沫经济最为疯狂的时期。在我心目中，那两本书最能反映当时日本社会、经济的状况。所以，它们也被我收入“枕边书”的目录之中。

就像这样，把爱读的、想读的书放在视线容易捕捉到的地方，可以从视觉上刺激自己的读书欲望，对于养成读书习惯大有帮助。

**聪明人的读书诀窍 05**

确保有充足的读书时间，让人生更加丰富多彩。

# 第二章 2

CHAPTER

## 怎样阅读一本书才更合适

# 06
# 任何书都可以用 10 分钟读完的小技巧

不用全部读完，也能理解书的大体内容。

## 我一年读 1000 本书，发表 400 篇读书笔记

就像第一章中我说的那样，一年中我要读 1000 本书，发表 400 篇读书记事。

读书之后，我把自己的心得体会以读书记事的形式加以输出，发表之后可以看到读者的反应。从读者的反应中，我可以学到更多的东西。

比如，如果某篇读书记事的浏览量高，我就知道这样的标题、

这样的内容更吸引读者；从读者的留言中，我也可以看到更多的中肯建议和意见，这对我的读书、写作大有裨益。

随着读书量的增加，我的知识储备在增加。而输出的增加，使我获得的反馈也在增加，从而经验和能力都获得了提高。

当然，对于入门级别的读书人来说，要想一年之内读 1000 本书，发表 400 篇读书记事，可能太难了。但只要坚持不懈地努力，这样的成绩并不是空中楼阁、水中望月，你也一定能够实现。

我反复强调过，读书过程中“享受”最为重要。

在这个大前提下，我们才能以更快的速度读更多的书，才能更高效地输出，从而享受更加丰富多彩、更加快乐的人生。

在接下来的小节中要介绍的读书法，是从我输入 10000 本书，其中 7000 本有所输出的经历中总结出来的宝贵经验，希望对大家有所帮助。

希望实践我的方法后，你也能体验到快速阅读、快速输出的读书乐趣。

## 有些书只读三分之一就够了

我的读书法，分为输入（读书）和输出（写作）两部分。先从输入部分开始，即从读书讲起。

我把自己的读书法命名为“三分之一阅读法”。

这种方法的要点是，一页只读三分之一内容即可。

大部分书对我来说，一页只读三分之一就可以大体了解整页的内容。

我读书的时候，一页只读左侧的三分之一，然后就翻页（横向排版的书，读左侧的三分之一；纵向排版的书，读上侧的三分之一）。

你可以尝试一下，把这一页的右半部分用纸遮挡起来。只读左侧的一半，是不是大体上也能把握这一页的内容？

如果挡住一半你觉得读不太懂，那就减少遮挡面积，只遮挡右侧三分之一再试试。和之前相比，能理解的部分就更多了。

这是因为我们的大脑中存储着以前读过的文章类型和句型，一句话只读一部分可以调用头脑中存储的句型，以推测剩余部分的意思。

另外，我们人类的视野也很有意思。在水平方向上，向耳朵一侧的视野大约有90~100度，向鼻子一侧的视野大约有60度。

上下方向，上方约 60 度，下方约 70 度。

我们人类的脸几乎是一张平面，而两只眼睛都在这个平面上，双眼左右视野重合的部分比较大，因此双眼同时可以看到的范围大约在 120 度。因此，一页文字即使只看三分之一，大约也有 50% 的文字进入视野之中。

## 读书时不要默念

这个方法的要点是，读书时，心中不要读出文字的发音。

很多朋友在读文章的时候，喜欢在心里把文字默念出来。因为在小学、中学的语文课上，老师会让学生把文章朗读出来。但是，出声朗读或者在心里默念，会大大降低阅读的速度。

出声朗读文章的时候，最适合听众听清、听懂的朗读速度是每分钟 300~350 字。这个速度是电视台播音员播报新闻的速度。如果一分钟朗读 400 字以上，听众就会觉得有点快了。

日本的很多书籍每页的字数设定为每行 40 字 ×15 行 =600 字左右（本书为了便于读者阅读，排版时将每页字数设定为每行 27 字 ×20 行 =540 字）。

如果出声朗读或心中默读的话，以每分钟 300 字为例，那么读完一页 600 字，大约需要 2 分钟。即使把朗读速度提高为原来的 3 倍，那读一页也需要 40 秒。而我们朗读或默读的速度，很难再提高了。

而使用我的“三分之一阅读法”，读一页只需几秒钟时间。对于没有必要精读的书籍，以这样的速度阅读，理解一半的内容就足够了。

## 使用报纸训练阅读能力

阅读的能力，不是仅靠学习阅读方法、研究阅读理论就可以提高，还需要在反复训练中找感觉。我觉得报纸就是不错的训练工具。日本报纸中的新闻，一行约为 11~13 个字，特别适合一眼看一行。

至于新闻的内容，不用在意，什么内容都可以读，反正只是一个阅读训练工具罢了。

最近有一种“Typoglycemia 现象（单词里字母乱序不影响阅读的现象）”在阅读界备受关注。而我的“三分之一阅读法”和“Typoglycemia 现象”有相似的地方。

在后面的小节中，我会为你详细讲解“三分之一阅读法”的具体例子和训练方法，在那之前，在下一小节我先介绍一下“Typoglycemia 现象”的相关知识。

**聪明人的读书诀窍 06**

每页只读三分之一，就能大体把握此页内容。

几秒钟完全可以读完一页。

# 07 只读三分之一也能理解整体内容

通过重点词语把握整本书的内容。

## “三分之一阅读法”具体该怎么做?

如我前面讲过的，一本书我只读三分之一，就基本上可以理解大体内容。

当然,我说的这种读书法,只限于商务类书籍和实用类书籍。其实我这种方法就利用了“Typoglycemia 现象”，每一页只读左侧的三分之一，就能明白六七成的内容。

那么，“Typoglycemia 现象”到底是个什么东西呢?

所谓“Typoglycemia 现象”，通俗讲就是单词里字母乱序不影响阅读的现象。

对于这种现象，到目前为止科学家尚未查明其中的具体原理。尽管它只被当作一种假说，但是有很多研究团队、科学家在研究它。关于单词的字母顺序打乱，我们为什么还能阅读、为什么还能理解，我也在语言学的范围内进行了大量的调查研究，但没有找到相关的理论依据。

另外，有传闻称英国剑桥大学正在研究“Typoglycemia 现象”，但剑桥大学的官方却否认了这一传闻。

“Typoglycemia 现象”中的“Typoglycemia”并不是一个学术名称，而是将“打字错误（Typo）”和“低血糖（Hypoglycemia）”两个词组合起来创造的新词。

1976 年，英国诺丁汉大学发表了一篇论文，题为《在认识单词的过程中，字母顺序的重要性》。论文中提到“即使打乱单词中部分字母的顺序，也不影响人们对整篇文章的理解”。

1999 年，美国加利福尼亚大学洛杉矶分校的教授大卫・R. 佩罗和研究员克罗修・萨贝利联合发表论文《口语倒装的认知与修复》。

《自然》杂志上刊载的文章在评论人类语言处理能力的高明之处时，曾经描述说：“人类的语言处理能力，比任何机器都要优秀。”

这说明我们在读文章的时候，并不是一个字一个字地逐字阅读，而是把一个词当作一个意思集合体来认知的。

虽说现在在科学上还不能对“Typoglycemia 现象”的原理给出一个令所有人信服的解释，但根据现有研究成果，我们至少可以知道这种现象确实存在。

为什么只凭三分之一就可以理解整本书？

日本富山县有一家日式糕点店——中尾清月堂。2018 年 3 月，他们在广告宣传单中故意把文字顺序搞错，但并没有多少人产生误解。这个现象被人发现后，在社交媒体上引发了热议。

网友的反应大多是：“这真是一个别出心裁的广告！”“很优秀的广告设计，太不可思议了！”

中尾清月堂在富山县内有四家分店，他们改良了店里的招牌糕点铜锣烧，于是印刷了新的广告宣传单，夹在 2018 年 3 月 18 日出版的《北日本新闻》中分发。广告中的文字如下：

尊敬的客顾朋友们，重大消好息！

本次，中尾月清堂改良了

本店的牌招糕点锣铜烧，

希望你一定不要过错尝鲜的好机会！

※ 顺便提醒，你发现告广中文字序顺的误错了吗？

正确的广告内容如下：

尊敬的顾客朋友们，重大好消息！
本次，中尾清月堂改良了
本店的招牌糕点铜锣烧，
希望你一定不要错过尝鲜的好机会！

※ 顺便提醒，你发现广告中文字顺序的错误了吗？

这个广告中故意弄错文字顺序但并不影响顾客阅读的现象，其实就是“Typoglycemia 现象”。我们是把词语当作一个整体，用视觉加以认知的。我们的大脑会在极短的时间里对接下来读到的词语加以预测，并自动修正。

只要不改变文章的整体结构，一个单词的首字母和尾字母保持不变，改变其他字母顺序，并不影响阅读理解。这就是“Typoglycemia 现象”。只要顺应这种现象，我们的大脑可以通过部分内容推测其他内容。这就是我“三分之一阅读法”的基本理论依据。

## 一本书只读两成，便可知道其余八成的重要信息

请原谅我的唐突，先问你一个问题，你听说过帕累托定律吗？

帕累托定律是意大利经济学家维尔弗雷德·帕累托发现的一个经济领域的定律。即两成的顾客带来八成的销售额。也叫“二八定律”。

现在，帕累托定律的应用范围越来越广，市场调查、购物、质量管理等与企业活动、经济活动相关的领域，都能看到帕累托定律的影子。

曾经，我本人就多次应用过帕累托定律。

当时，我在一家风险企业中担任执行董事，我按照创造销售额的高低，给客户排了个顺序。结果发现，前 20% 的大客户给我们公司创造的销售额，占全部销售额的 80%。

另外，看销售额构成，可以发现主力商品所创造的销售额占总销售额的 80%；分析过去销售额的变化情况，可以发现老客户的回头率每年在 80% 左右，5 年后 80% 的交易会消失。

由此可见，企业经营的每一个角落，似乎都能看到帕累托

定律的影子。

只要把握住那重要的20%，就可以达到80%的效果。那么，把主要精力和时间放在重要的20%上，就是理所当然的事情。否则的话，就无法把精力、时间有效地利用起来，从而造成浪费。

我在举办演讲的过程中，会推销自己的书籍。我当然会推销原本销路不错的书籍，而不会卖力推销那些不太畅销的书。事实证明，只有推销有价值畅销的书，才能进一步提高书籍的整体销量。

在上周举办的演讲会上，我就推销了我的新书。每位购买了新书的听众，我都会免费附赠一本我不太畅销的书。结果，我的书籍的整体销售额提高了20%左右。

读书也是同样的道理。

读书的时候，与其一字不落地全篇阅读，不如把时间和注意力投入到最重要的20%方面。这样就足以把握全书80%的重要信息。

利用“Typoglycemia现象”开发的“三分之一阅读法”，其实也是找到书中最重要的20%那部分的方法。我的方法很简单，既不是快速移动视线的速读法，也不是像拍照那样把所有文字都印在脑海中的方法。

为了找到那最重要的20%，需要阅读每页左侧三分之一部分，把握图书的整体内容，借此可以找到最重要的部分。找到后，再认真阅读这部分内容。

反复实践这一简单的阅读法，你的读书量会快速增加。

在读书中应用“帕累托定律”的时候，合理的目标非常重要。我建议大家不要再追求完美，不要把目标定为理解书中100%的内容。只要有意识地把目标降低为80%，你就会发现自己的读书效率会大幅提升。

肯定也会有些朋友对我的读书方法有所怀疑，认为买了一本书不全读完，只读两成，八成都“扔掉”了，岂不太可惜了？确实如此。不过，我们先要看读书的目的。如果是为了悠闲地享受读书的乐趣，又有充分的时间，当然可以全部读。如果是为了在短时间内提高自己的知识量、拓宽视野、提高能力，用我介绍的读书法就对了。

**聪明人的读书诀窍 07**

一本书重要的部分也就两成左右，应该把主要精力和时间放在这两成的部分上。其余八成，可以大刀阔斧地舍去。

# 08
# “三分之一阅读法”实践篇

只要做到这一点，就可以在短时间内阅读大量书籍。

## 10 分钟，理解一本书 60% 的内容

接下来两页的内容，是我根据自己以前出版的书籍《避免纠纷的工作法则》（纽带出版社）中“前言”的一部分改编而成。

请你先阅读 53~55 页的内容。

如果是善于阅读的人，20 秒就能读完。

怎么样？你用了多久读完并理解了这两页的内容？

这两页讲的是我在一家经营咨询公司任职时发生的事情。当地政府为了帮助本地钢琴厂商拓展销路，专门拨出预算来扶

植本地企业。因为是公家出钱，所以我不敢有半点的马虎。当时还年轻的我，深感肩头责任重大，自己心里也想为当地钢琴厂商贡献一点力量，因此工作非常卖力。

> 我在一家经营咨询公司任职时，接到这样一个项目。
>
> 记得那时我只有 30 多岁，那段经历至今仍深深印在我的脑海里。
>
> 当时，上司交给我一个项目，任命我为负责人，推进项目的实施。简单地说，就是帮钢琴厂商拓展销路的任务。
>
> 在那个年代，日本的钢琴市场有九成被雅马哈（YAMAHA）和卡瓦伊（KAWAI）两个品牌霸占（恐怕直到现在这个情况也没有什么改变）。
>
> 但除此之外，日本还有不少钢琴厂商，在坚持制造具有自己独特风格的钢琴。而这样的钢琴厂商有七成都汇集于 S 县。
>
> S 县为了扶植本地钢琴厂商，对抗大牌企业，决定把县内的钢琴厂商联合起来，组成“钢琴联盟”，并

专门拨出一笔预算，帮他们拓展销路。

县政府的出发点虽然很好，但在当时那样的市场状况下拓展销路，确实不是一件容易的事情。

当时设想的销售渠道主要有四个：大型超市、电视购物、音乐学院的现场、百货商场。我的工作就是和上述渠道的负责人进行交涉，尽力说服他们销售“钢琴联盟”的产品，并对可行性进行评估，写出评估报告。

其实，交涉的结果是可以预想到的，多半是悲观的。所以上司早就告诉我：“不要在这个项目上花太多时间。”

而当我实际和各个渠道的负责人进行商谈之后，结果确实如同预期，所有四个渠道全部行不通。其中的原因有价格的问题，也有钢琴体积太大不适合卖场摆放的问题。这个时候，我已经接到上司的指示，说这个项目就此结束了。

但是，对于这个结果我的心中难以释然，连续几日思绪都异常纷乱。我总感觉不甘心，心想，难道就没有其他销售渠道了吗？

经过反复思考，终于有一个新想法浮现在我的头脑中。那便是展厅销售，我想尝试一下这种可能性。我觉得这个想法比较靠谱。

当时，拥有大型展厅能够摆放得下钢琴，并且租金也比较适中的场地，在日本只有一个。那是一家家具厂商，他们有自己的大型展厅。前些年，为了争夺企业的经营权，那家家具厂商的总经理还和女儿闹得不可开交，在日本成为大新闻。不过，也正是因为那件家庭内部纠纷，让那家企业的知名度提升不少。

想法一成型，我马上给他们打去了电话。当时接电话的是经营企划室室长（现在已经成为该公司的总经理），听了我的讲述之后，她欣然接受，并很快安排我和总经理（其父亲）面谈。

之前设想的销售渠道全部堵死，结果我的一个电话，又让事情发生了转机，给S县的“钢琴联盟”争取到了一线希望。

那家家具厂商当时还没有上市，所拥有的展厅规模也不如现在大，但足够摆放钢琴开展促销活动。我很感谢当时的经营企划室室长，她耐心听完了我的讲述。现在那家公司发展得很好，已经是上市公司，而且名气越来越大。

接下来，请你阅读 56~58 页的文章。

你会发现，这两页我把右侧的文字进行了虚化处理，你只能看见左侧的部分文字。

这样一来，你还能读懂吗？

其实，即使你只看左侧三分之一的文字，也会有一半的文字进入视野。

请你在读完了 56~58 页的文章后，回答下列问题。

> 我在一家经营咨询公
>
> 项目。
>
> 记得那时我只有 30 多岁，
>
> 在我的脑海里。
>
> 当时，上司交给我一个
>
> 推进项目的实施。简单地说，
>
> 路的任务。
>
> 在那个年代，日本的
>
> （YAMAHA）和卡瓦伊（KAWAI）
>
> 怕直到现在这个情况也没有
>
> 但除此之外，日本还有

造具有自己独特风格的钢琴。而这样的钢琴厂商有七成都汇集于S县。

S县为了扶植本地钢琴厂商，对抗大牌企业，决定把县内的钢琴厂商联合起来，组成“钢琴联盟”，并专门拨出一笔预算，帮他们拓展销路。

县政府的出发点虽然很好，但在当时那样的市场状况下拓展销路，确实不是一件容易的事情。

当时设想的销售渠道主要有四个：大型超市、电视购物、音乐学院的现场、百货商场。我的工作就是和上述渠道的负责人进行交涉，尽力说服他们销售“钢琴联盟”的产品，并对可行性进行评估，写出评估报告。

其实，交涉的结果是可以预想到的，多半是悲观的。所以上司早就告诉我：“不要在这个项目上花太多时间。”

而当我实际和各个渠道的负责人进行商谈之后，结果确实如同预期，所有四个渠道全部行不通。其中的原因有价格的问题，也有钢琴体积太大不适合卖场摆放的问题。这个时候，我已经接到上司的指示，说这个项目就此结束了。

但是，对于这个结果我[redacted]日思绪都异常纷乱。我总感[redacted]没有其他销售渠道了吗？

经过反复思考，终于有[redacted]脑中。那便是展厅销售，我[redacted]我觉得这个想法比较靠谱。

当时，拥有大型展厅能[redacted]格也比较适中的场地，在日[redacted]厂商，他们有自己的大型展[redacted]业的经营权，那家家具厂商[redacted]可开交，在日本成为大新闻[redacted]家庭内部纠纷，让那家企业[redacted]

想法一成型，我马上给[redacted]电话的是经营企划室室长（[redacted]经理），听了我的讲述之后[redacted]排我和总经理（其父亲）面谈。

（1）这个项目是谁交给我的？

· 总经理

· 董事长

· 以上都不是

（2）家具厂商总经理的年龄是多少岁？

· 50 多岁

· 60 多岁

· 以上都不是

（3）那个项目最终结果如何？

· 获得极大成功，我受到上司褒奖

· 报纸、杂志的记者蜂拥而至，对钢琴展销大加报道

· 以上都不是

（4）项目结束后，我怎么样了？

· 升任公司董事

· 被其他公司挖走

· 以上都不是

（5）当时我在公司的职务是什么？

· 经理

· 部长

· 以上都不是

怎么样？挡住一半还是大体能读懂吧？

相信上述几个问题你也能回答出来，答案全部是：“以上都不是”。

接下来再次提高挑战的难度，请读 60~62 页的文章。你会发现，这次，只有左侧三分之一的文字能看清。这样你还能读懂吗？

本来，一页文字即使我们只看左侧的三分之一，也会有 50% 的文字进入视野。但这次，只有三分之一的文字能够看清，进入视野的其他信息，都是无用信息。

> 我在一家经营[illegible]
>
> 记得那时我只[illegible]在我的脑海里。
>
> 当时，上司交[illegible]推进项目的实施。[illegible]路的任务。
>
> 在那个年代，[illegible]

（YAMAHA）和[illegible]怕直到现在这个情[illegible]

但除此之外，[illegible]造具有自己独特[illegible]成都汇集于 S 县。

S 县为了扶植[illegible]把县内的钢琴厂商[illegible]专门拨出一笔预算，[illegible]

县政府的出发[illegible]状况下拓展销路，[illegible]

当时设想的销[illegible]视购物、音乐学[illegible]就是和上述渠道[illegible]售“钢琴联盟”[illegible]评估报告。

其实，交涉的[illegible]所以上司早就告[illegible]间。”

而当我实际[illegible]

结果确实如同预[illegible]的原因有价格的[illegible]摆放的问题。这[illegible]这个项目就此结[illegible]

但是，对于[illegible]日思绪都异常纷[illegible]没有其他销售渠[illegible]

经过反复思[illegible]脑中。那便是展[illegible]我觉得这个想法[illegible]

当时，拥有[illegible]格也比较适中的[illegible]厂商，他们有自[illegible]业的经营权，那[illegible]可开交，在日本[illegible]家庭内部纠纷，[illegible]

想法一成型[illegible]电话的是经营企[illegible]经理），听了我[illegible]排我和总经理（[illegible]

读完了吗？我又设计了几个问题，通过回答这几个问题，你就可以判断自己对于文章的内容理解了几成。

（1）我任职的公司属于什么类型的公司？

· 服务业，经营顾问公司

· 制造业，机械加工企业

· 金融行业，银行、证券公司等

（2）当时我多少岁？

· 30 多岁

· 40 多岁

· 50 多岁

（3）项目围绕的主要商品是什么？

· 钢琴

· 吉他

· 小号

（4）项目的目的是什么？

· 为（3）的商品拓展销路

· 为（3）的商品削减成本

· 为（3）的商品实现销售额翻倍

（5）在项目进展过程中，我发现了一种新的可能性，这种可能性是什么？

· 展厅销售

· 寻求政府合作

· 通过出口扩大销售

怎么样？读完三分之一的内容，你能答对这些题目吗？

上述题目的答案都是第一项。

前面我讲过，像商务书、实用书之类的书籍，内容比较容易把握，有一点线索就容易联想到其他内容。所以可以采用“三分之一阅读法”。

前面举例的那段文章，是我自己亲身经历的事情，虽然是我独一无二的经历，但内容并不复杂。第一次读这个故事的朋友也不难把握内容。

接下来请大家阅读 66~68 页的文章。这次，我把页面左侧 50% 的文字进行虚化，你只能读到右侧那一半的文字。这次你还能读懂吗？挑战一下试试吧？

怎么样？这次虽然大体也能读懂，但理解的程度应该比之前有所降低。

我解释一下其中的原因。在读文章的时候，我们必须考虑句子的语法结构。一句话中，可能含有主语、谓语、宾语、定语、状语、补语等多种成分。请先看下面的例子。

人（主语）+走路（谓语）。

人慢慢（状语）+走路。

人慢慢走路+但是（连词）……

主语，一般是人、物或事。谓语表示主语做什么、怎么样。也就是说，主语和谓语是一个句子的骨架。

拿日语和中文来说，主语和谓语一般不会分开。只能看到主语，却看不到谓语，那么读者就会感到读之不舒服，不能判断这句话说了些什么。所以，在写文章的时候，一句话中的主语、谓语、宾语不要离得太远，否则不利于读者理解。

请看下面的长句子：

“我认为，在全国各地的拉面馆每年不断减少，在拉面文化面临危机的时代，如果还要逆势开新的拉面店，风险是极大的。”

看这句话，主语、谓语在一起，但宾语却在句尾。读者要读到最后，才能把握整句话的意思。出版社的编辑对于这样的句子非常在意，他们一般会要求作者进行修改，尽量把主、谓、宾放在一起，以便读者一目了然。

[redacted]任职时，接到这样一个[redacted]

[redacted]，那段经历至今仍深深印[redacted]

[redacted]项目，任命我为负责人，[redacted]，就是帮钢琴厂商拓展销[redacted]

[redacted]琴市场有九成被雅马哈[redacted]WAI）两个品牌霸占（恐[redacted]什么改变）。

[redacted]不少钢琴厂商，在坚持制[redacted]，而这样的钢琴厂商有七[redacted]

[redacted]厂商，对抗大牌企业，决定[redacted]，组成“钢琴联盟”，并[redacted]拓展销路。

[redacted]好，但在当时那样的市场[redacted]一件容易的事情。

[redacted]要有四个：大型超市、电[redacted]售、百货商场。我的工作[redacted]行交涉，尽力说服他们销[redacted]对可行性进行评估，写出[redacted]

[redacted]预想到的，多半是悲观的。[redacted]要在这个项目上花太多时[redacted]

[redacted]的负责人进行商谈之后，[redacted]个渠道全部行不通。其中[redacted]钢琴体积太大不适合卖场[redacted]已经接到上司的指示，说[redacted]

[redacted]的心中难以释然，连续几[redacted]觉不甘心，心想，难道就[redacted]

[redacted]一个新想法浮现在我的头

> [illegible]想尝试一下这种可能性。[illegible]
>
> [illegible]够摆放得下钢琴，并且价[illegible]本只有一个。那是一家家具[illegible]厅。前些年，为了争夺企[illegible]的总经理还和女儿闹得不[illegible]。不过，也正是因为那件[illegible]的知名度提升不少。
>
> [illegible]他们打去了电话。当时接[illegible]（现在已经成为该公司的总[illegible]，她欣然接受，并很快安[illegible]

把上面文章的左半部分挡住，是不是感觉理解起来就不那么容易了？因为对于商务书、实用书来说，一般要求把句子的重要成分（主、谓、宾）写在前面。像我前面举的“拉面馆”那个例子，如果我先把主、谓、宾写出来，读者只读这句话的开头，大体就能知道“开拉面馆可能存在极大的风险”。

我（主语）+ 认为（谓语）+ 开拉面馆风险是极大的（宾语）。

当然，不同体裁的作品，写作方式也不同。拿小说来说，有时需要故意制造悬念，让读者无法一下读明白。但对商务书和实用书来说，必须简洁易懂，应该先把结论讲明白，千万不要和读者“玩捉迷藏”。因此，商务书、实用书，一句话只要读前一半，或者前三分之一，基本就能推测出整句的意思。

因为涉及版权的问题，这次我举例用的文章，节选自我自己出版的书，但如果留心观察，你会发现其他大部分商务书和实用书，都和我的书差不多，每页只读前三分之一基本上就足够了。

一本商务书或实用书，如果是纵向排版，每页只看上一半（实际上读的只有三分之一）；横向排版的话，每页只看左一半（实际上读的只有三分之一），就能读懂了。

我这种方法不是精读，因此不可能百分之一百理解书中的意思。但我们所读的商务书、实用书，也不需要百分之一百的理解。使用“三分之一阅读法”后，对一本书的理解程度，也会因人而异。一开始主要取决于个人的基本读书素养（知识面、阅读素养等）。但随着时间的推移，等你熟练掌握“三分之一阅读法”后，不管以前个人读书素养如何，都能大大提高对一本书的理解程度。

实际上，我从小学二年级开始，就学会了“三分之一阅读法”。

现在，我每天都要发表读书记事，也算小有名气的专栏作家，受到了广大粉丝的喜欢。多的时候，一天我会收到十多本来自出版社的赠书，出版社希望我阅读之后帮他们写读书记事。现在，我写稿子用的电脑周围，堆了至少 200 本新书。

## 非商务书籍，也可以实践这种阅读法

包括我的“三分之一阅读法”在内，时下流行的很多阅读法、速读法，只适用于商务书籍和实用书籍。果真如此吗？

现在我要举一个反例。我将要拿出的是在工作中常用的“待处理文件”。顾名思义，所谓待处理文件，就是还没有处理过的文件。

下面，先请你阅读 71~74 页的文章。

怎么样？读完了能够理解吧。

然后再请读 74~76 页的文章。这次我把文章的右半部分虚化了，你只能看清左侧的 50% 的文字。这次读完能理解多少？

这次的文章稍微有点难度，但我想大多数朋友读完之后应该能够抓住要点。

回答下面几个问题，就能大体判断出自己对文章的理解程度。

（1）公司的销售额是多少？

· 1 兆 2000 亿日元

· 9800 万日元

· 以上都不是

（2）公司的员工人数是多少？

· 4 万人

· 3 万人

· 以上都不是

给参加者的指示

你作为燕子化妆品公司市场调研部商品开发部第一课课长，在这个项目中，任命你为“新商品开发计划总负责人”。

燕子化妆品是一家老牌化妆品公司，目前销售额仍然保持在业界前 5 名的位置。近年来，燕子化妆品将适应消费者需求的品牌理念和最为合理的销售渠道相互结合，大力开展了独具风格的品牌营销活动。

燕子公司创立于1920年，后来发展成大财团。二战结束后，占领军命令日本所有大财团必须解体。燕子化妆品公司就是在1945年燕子财团解体过程中独立出来的。

燕子化妆品公司在发展过程中，得到外资化妆品企业L公司的技术扶持，因此发展迅速。1950年便在东京证券交易所第一部（主板市场）上市。

你毕业于地方国立大学的工学专业，毕业后便进入燕子化妆品公司工作。至今年春天，你已在燕子化妆品公司工作了10个年头。你在公司的履历是，总公司采购部采购专员3年，采购部主任3年，总公司市场调研部主任4年。

你的工作成绩得到公司上下的认可，近期又调任市场调研部商品开发部第一课课长。

现在是××年10月，第三季度已经过完。市场调研总部的田中部长专门找你，并对你做出以下指示：

“燕子化妆品公司在东证一部上市以来，直到前年，销售额一直在不断增长。考虑到国内化妆品市场数十年来都处于横盘趋势，我公司的成长实属一道亮丽的风景。也说明我们独特的品牌营销策略是成功的。

“但是，从前年开始，公司的销售额开始下滑。自上市以来，利润总额首次出现了负数。化妆品行业销售额前5名的公司中，只有我们燕子公司的利润总额是负数。现在正是公司面临严峻考验的时候，但公司上下还没有找到一个明确的突破口。董事会对新商品开发寄予了厚望，因为董事们认为新商品是左右企业经营的关键所在。

“于是，你被选中扛起创新的大旗。作为新商品开发计划的总负责人，你应该站在全公司的高度，充分分析顾客的需求，策划新商品的品牌理念，制定完整有效的销售策略。”

尤其请你留意以下几点：

（1）明确目标客户层；

（2）明确商品价值；

（3）明确销售渠道。

望你承担起新商品开发计划总负责人的使命，开发出令顾客满意的新产品，带领公司走出利润低迷的严峻时期。对于田中部长的指示，你应该在明天向他做出书面报告。

给参加者的指示

你作为燕子化妆品公[illegible]一课课长，在这个项目中，[illegible]划总负责人”。

燕子化妆品是一家老[illegible]仍然保持在业界前5名的[illegible]将适应消费者需求的品牌[illegible]相互结合，大力开展了独[illegible]

燕子公司创立于1920[illegible]战结束后，占领军命令日[illegible]子化妆品公司就是在1945[illegible]出来的。

燕子化妆品公司在发[illegible]企业L公司的技术扶持，[illegible]

东京证券交易所第一部（[redacted]

你毕业于地方国立大[redacted]入燕子化妆品公司工作。[redacted]妆品公司工作了10个年头[redacted]司采购部采购专员3年，[redacted]场调研部主任4年。

你的工作成绩得到公[redacted]市场调研部商品开发部第[redacted]

现在是××××年[redacted]市场调研总部的田中部长[redacted]指示：

“燕子化妆品公司在[redacted]年，销售额一直在不断增[redacted]数十年来都处于横盘趋势[redacted]丽的风景。也说明我们独[redacted]

“但是，从前年开始，[redacted]自上市以来，利润总额首[redacted]销售额前5名的公司中，[redacted]

额是负数。现在正是公司面[redacted]司上下还没有找到一个明确[redacted]品开发寄予了厚望，因为董[redacted]业经营的关键所在。

“于是，你被选中扛起[redacted]开发计划的总负责人，你应[redacted]分分析顾客的需求，策划新[redacted]整有效的销售策略。”

尤其请你留意以下几点：

（1）明确目标客户层；

（2）明确商品价值；

（3）明确销售渠道。

望你承担起新商品开发[redacted]发出令顾客满意的新产品，[redacted]严峻时期。对于田中部长的[redacted]做出书面报告。

（3）公司的地址在哪里？

· 东京都港区北青山

· 东京都品川区大崎

· 以上都不是

（4）总经理的名字是？

· 田中伊三郎

· 矢口忠志

· 以上都不是

（5）现在的品牌愿景是什么？

· 用色彩改变人生

· 带给您最贴心的化妆品

· 以上都不是

以上所有问题的正确答案都是：“以上都不是”。你答对了吗？相信很多朋友都能答对。

通过这个例子我们可以知道，除了商务书籍、实用书籍以外，一些需要确认的文件、重要性不是特别强的文章，也可以使用“三分之一阅读法”。

## 经过练习，任何人都可以快速阅读、快速输出

通过前面的学习，相信你已经掌握了使用“三分之一阅读法”把握书中最重要的两成内容的技巧。

只要把握书中两成最重要的内容，那么整本书的八成，我们基本上可以了然于胸。结果是可以实现快速阅读、快速输出。

由此可见，快速阅读、快速输出并不是什么难事。

可能会存在个体差异，但我相信，只要经过反复练习，任何人都可以掌握“三分之一阅读法”。到时，只用 10 分钟读完一本书并不是天方夜谭。如果能用 10 分钟读完一本书，那么，读书就不再是一种负担，也不会占用我们太多的时间，从而让我们更加喜欢读书。

读书，并不存在多么高深、复杂的技巧，关键就是要让读书变得轻松、愉快。为此，请你一定实践一下我的“三分之一阅读法”。

一开始，不要强求自己理解 100% 或者 80% 的内容。

用 10 分钟，理解书中 60% 的内容就足够了。

按照这样的感觉去读书，你会发现读书很轻松。

**聪明人的读书诀窍 08**

一本书可以用 10 分钟读完。

先把目标设定为 10 分钟读懂书中 60% 的内容。

# 09
# 10分钟阅读，也能深化理解力

用点小技巧，大大提高记忆效率。

## 读目录，把握书的整体框架

商务书和实用书都有目录。在拿到一本新书的时候，要想先了解书的整体框架，我建议先看目录。如果有人读书不看目录，我认为那是非常危险的。目录，就好比我们出行时使用的地图。

假设有一个外国朋友来日本旅行。这位朋友想游览东京、大阪、名古屋、鹿儿岛、福冈。如果有一张地图的话，他应该知道最合理的路线应该是东京→名古屋→大阪→福冈→鹿儿岛。但如果没有地图的话，他就不知道各个城市在日本的位置，如果全凭感觉走的话，要走遍所有想去的地方，恐怕会绕很多弯路。

读一本书先看目录，就可以从整体上把握全书的框架结构，也能知道各个章节之间的关系。清楚每一章在整本书中的位置，读正文的时候，第一可以少走弯路，第二能大大提高理解度。

读目录，我会留意观察各章节标题之间的关系。尤其是第一章，我会特别关注其中各小节的标题。因为大多数商务书和实用书会把最关键的内容放在第一章。如果第一章的内容很好，甚至超出了预期，我才会继续读第二章的内容。反之，如果第一章的内容就很乏味，那么这本书后面的内容有 99% 的概率也不会吸引人。读书先读目录，就像运动之前先做热身运动一样重要。

读一遍目录只需十几秒，最长 1 分钟，却可以帮我们成倍地提高读书的效率。所以，读目录是绝对不能省略的步骤。

## 对不懂的表达方式或词语，果断跳过去

“读一本书，必须从头到尾读完！”这句话就像一句咒语，束缚了很多人。让这些人在读书的过程中不断受挫，甚至渐渐

地开始讨厌读书。这可能和我们小时候接受的语文教育有关，因为学校的语文课更注重精读，而忽视了泛读和速读。

此时，我们应该回到原点来思考一个问题——我读这本书的目的是什么？弄清了这个问题，也许自然就能找到正确的读书方法。

现在给大家介绍一下，我在读书的时候，除了正文之外，还会特别留意哪些地方。

首先，对于书中的图，我会特别留意。一般情况下，图中常会出现一些专业术语，结合图像更容易理解。另外，某些容易产生误解的词语，作者也常用图的形式加以说明。所以，有图的地方一定要认真读，可以帮我们减少很多误解。

其次，我还会注意括号里的文字，因为括号里的文字大多是进行解释或补充说明的。比如，对专业术语的解释、缩略语的全称等。

但是，对于注脚的文字，我一般都会略过。因为注脚大多是对难懂的表现方式或专业术语进行详细说明。一般情况下，不读注脚也不影响我们对全文的理解。而且，读注脚容易打乱阅读节奏，把阅读思路都打乱了，反而成了理解的障碍。

## 学会勾画和批注，读完一本书不能让它依然干净

“对于特别重要的书，我都不舍得看，生怕把书翻脏了。”“买到心仪的书，外面的塑料纸我都不想撕掉。”

这样是对书的一种“爱”，但我可不推荐这样“爱书”。真正爱书的话，就把书中的知识学到头脑里去，而不用在乎书会不会被弄脏。

读书的过程中，遇到深受启发的地方，或有所感悟的部分，请你毫不犹豫地拿起笔大胆做勾画。头脑中闪现出来的灵感，也要在它们消失之前，批注在书上。而且，批注的时候，不用等头脑中的思路整理清楚，再写下来。而是想到什么就写些什么，信手涂鸦也没关系。

勾画和批注用的笔，准备一支红色的、一支黑色的就够了。有些朋友会区分红笔、黑笔的使用，比如，用红笔做勾画，用黑笔做批注。但我的做法有点不一样。

我读第一遍的时候，都用黑笔，读第二遍的时候用红笔。这样每次读的时候，省去了在红笔和黑笔之间转换的时间，勾画、批注起来更流畅。另外，对比黑、红两色的勾画、批注，就可以看出我在两次阅读过程中理解发生的变化。

在做批注的时候，不需要太多思考，想到什么就马上写下来。而且，不用把字写得工工整整，随便涂鸦的文字即可，只要自己看得懂就行。这样做的目的只有一个，就是抓住转瞬即逝的灵感。

请回想一下在公司参加会议的时候，你是怎么做会议笔记的？可能根本没有时间工工整整地书写，只能尽量快地把内容记录下来。有时遇到不会写的字，也不可能仔细琢磨，只能先写个拼音代替。这样做的目的只有一个——快。

我也见过读书的时候把笔记本电脑放在旁边的朋友，读到需要记录的地方，会用电脑做记录。这种方法我也不推荐。读书和用电脑是两件事，在两件事之间转换，人的专注力就会被反复分散。尤其是读书时的勾画和批注，特别需要瞬间的感悟。如果这时再转换到电脑上打字记录，刚才迸发的灵感很可能已经消失不见了。

所以，读书的时候，只要准备两支笔就够了。一本被涂画得乱七八糟的书，才是我们汲取知识的宝库。

## 站在作者的角度阅读

读书时，很重要的一点就是学会站在作者的角度思考问题。我将其称为“妄想”。通过妄想，我们可以更加深入地理解书中的含义。

人类本来就是一种喜欢妄想的生物。相信你一定去过美术馆吧，当欣赏一件艺术作品的时候，你在头脑中一定产生过妄想。看电影的时候，也一定对电影中的情节产生过妄想。

当我们手中拿到一本新书的时候，看着封面也会产生妄想。

假设你面前摆着一个茶杯。那么，不同的人看到这个茶杯会有不同的感受。比如，法国人看到这个茶杯，会觉得它是冲咖啡用的；日本人看到它，会觉得它应该用来沏茶；甚至还会有人觉得应该拿这个茶杯当花盆栽花。

只有学会站在对方的角度考虑问题，才能增进彼此的了解。读书的时候也是一样，读书相当于和作者的一次对话。如果能够站在作者的角度考虑问题，就能更加深入地理解他所表达的意思。

一本书，怎么读、怎么理解，是读者的自由。作者不可能照顾到所有读者的感受，也不会把自己的观点准确地传达给每一位读者。

所以，对一本书来说，没有绝对一致的理解。但是，我们应该尽量去靠近作者的视角，在理解作者意图的同时，形成自己的理解，这样才能从一本书中获得最大的能量。学会站在作者的角度思考问题，也让我们多了一种理解视角。也就是说，读的书越多，接触的作者越多，我们思考问题的角度也就越广。

**聪明人的读书诀窍 09**

学会从多种角度思考问题，可以更快、更深地理解作者意图，从书中汲取更多知识。

# 10
# 带着目的去读书帮你事半功倍

没有目的的读书，就像没有终点的行军。

## 明确目的，可以极大提高阅读速度和理解程度

据我所知，有不少朋友读书没有什么目的，拿起书就读。

当然，如果是为了消遣，打发闲暇时间，那怎么读书都无所谓。但是，假如你读书的时间非常有限，但又不得不通过读书进行学习的话，那我建议你首先应该明确自己读书的目的。有了明确的目的之后，你会发现自己阅读的速度和理解的能力都会有大幅提升。

拿我来说，我读书的目的基本上都是为了“输入 & 输出”。

因为我主要的工作就是为商务书写读书记事，所以我读的所有书中，商务书（含实用书）占八成左右。每一本商务书，都是解决问题的书，帮我们解决工作中存在的问题。因此，如果我们能够首先明确自己在工作中存在的问题，就较容易找到适合自己读的商务书。一般的商务书，大多都是讲方法的书，即所谓的“how to”，不需要太深入的思考。

## 先把“输出”设定为读书的目的

我经常听有些朋友在读书的时候说：“哇！这真是一本好书！”“这本书让我学到了不少知识。”

但是，如果读书不能让我们在现实中有所改变的话，就没有达到预期的效果。读了一本书后，如果我们的行为不会因此而发生改变，那读书就只能算是一种消遣。

在前面的小节中，我建议大家边读边勾画、批注。一本书读完之后，书页里应该写得乱七八糟。可是，我们花这么多工夫来读一本书，之后却不能引起实际行动的改变，那不就太可惜了吗！

我再教大家一个方法，那就是读完一本书之后，再看一遍自己的勾画和批注。回头再看一遍自己当初重点阅读的地方，可以进一步加深印象，让它们永久烙印在头脑中。

很多书，我们没有时间回头再看第二遍，但至少可以再看一遍自己的勾画、批注。这样的回顾过程，让我们对第一次读到的知识点加以整理、吸收。让它们不再是冷冰冰的外部信息，而变成属于自己的、有温度的内部信息。

总之，如果你想在有限的时间里通过读书学到更多知识的话，那就姑且把“输出”设定为读书的目的。为了这个目的，我们可以通过上面的方法，快速地把书本上的知识转变为自己头脑中的知识。

**聪明人的读书诀窍 10**

明确了读书的目的后，不管阅读速度还是理解能力，都会有飞跃式进步。

# 11
# 找准“必读之书”来提升效率

善于选书是聪明人的强项。

## 一本书，与知道该读哪里相比，更重要的是知道不该读哪里

世界上有数不清的书。

人生不过百年，要想在这有限的岁月中，把世界上所有的书都读完，非常遗憾，那简直是痴人说梦。

徜徉在浩瀚的书海中，我们要学会取舍。而且，舍比取更重要。

拿我来说，首先，畅销书和流行书，我不读。因为畅销书

和流行书是大多数人读的书，这种书读多了，容易和大家形成差不多的思想，从而失去创造力。就像我们的身体是由摄取的食物构成一样，我们的思想是由所读的书籍造就。

上小学的时候，我因爱上了轻小说而无法自拔。当时的我也不“挑食”，拿到哪本就读哪本。现在回想起来，虽然有很多书的情节当时我还无法理解，但因为广泛的阅读，我接触到了各种各样的知识。

也许是因为读书广泛的原因，小学、初中、高中，我的语文成绩一直名列前茅。至少，读了那么多的书，让我的阅读理解能力不输于他人。

当然，我也不是否定畅销书和流行书的意义，通过阅读畅销书和流行书，可以把握时代潮流，也不是一件坏事。所以，喜欢读的朋友，可以继续读，只要保持独立的思考能力就是了。

但从成长的角度来说，我还是推荐大家多读那些少有人读的书。

## 选书的三个要点

关于选书的要点，在前一小节我就提起过一点——与畅销书和流行书相比，优先选择少有人读的书。除此之外，还有两个选书要点。

其一，首先明确“自己想通过读书获得什么”，然后再选书。

读书有了目的性，自然就知道该选什么书了。而且，目的越明确，选书就越精准。

比如，我想学习一些成功法则，那么，选戴尔·卡耐基或拿破仑·希尔的书准没错。如果最近我想跳槽，想了解有关跳槽的事情，那就选人力资源专家写的有关求职、转职的书。

其二，读原著。

现在市面上很多商务书、实用书都是以某部名著为基础，编写而成的。那样的话，与其读商务书、实用书，不如直接读原著。原著中的信息更加丰富、更加翔实，可以反复阅读，甚至当作工具书放在手边。拿成功哲学方面的著作来说，拿破仑·希尔的《思考致富》至今仍是成功励志类的“圣经”。而世界各国很多作者以《思考致富》为基础改编的图书不计其数，但我觉得只要读《思考致富》的原著就足够了。

**聪明人的读书诀窍 11**

没有必要把天下所有的书都读完。

甚至可以说，选书比读书还重要。

# 12
# 如何在有限的时间读更多的书

将空闲时间灵活运用起来的技巧。

## 保证大量读书的时间管理术

书，存在的目的是信息的传输、知识的传承。

读书之前我们要先选书。那些离我们的生活、职业比较远的领域的书，很难激发出我们的阅读欲望。只有在我们生活、工作所涉及的范围内的书，我们才会感兴趣。而其中，让人感觉可能有用的书，会激发我们的阅读欲望。如果一本书给人感觉它能解决我们的问题，那我们肯定不会“放过”它。

选到合适的书，该怎么读呢？对于商务书和实用书，我建议速读就行了。对于这类书籍，我们只需确认一下其中的内容与自己已经掌握的知识有什么差别即可。因为这类书籍，一般不会有多么深奥的理论，大多是在现有理论的基础上，搞一些方法的创新罢了。

对于商务书、实用书，不用细读每一个字。即使是默读，心里也不要默读出文字的读音来。在心里默读出文字的读音，就说明在一字一字地读，那样速度太慢。前面我给大家讲过“三分之一阅读法”，只要了解文章的大体意思就足够了。甚至用“拍照式样阅读”也可以，就是把一页文字像拍照一样，一眼全看下来。然后在印象中根据这张“照片”中的一些文字，推测文章的意思。这样阅读，速度必定大大提高。另外，再加上“Typoglycemia 现象”（请参见第 44 页），即使文章中文字顺序出现错位，也不会影响我们阅读理解。所以，读一本书，完全没有必要一字不漏，或者说，有些字是完全没有必要读的。

还有一点非常重要，就是要舍得放弃。一本书读起来很无聊，那就果断放弃，不要再浪费时间读下去。我在这本书里介绍的读书，不是苦行。如果一本书读得很无聊，不如告诉自己“我和这本书无缘”，然后果断放弃。如果硬着头皮读下去，不但学不到知识，还浪费了宝贵的时间。

读书就是接收信息，该接收的就接收，不该接收的就舍弃。不懂得舍弃，没有任何好处。

## 不管概览性、习惯程度，还是阅读速度，都是纸质书更好

不知你是否还记得，2010年被称为“电子书元年”。当时很多人预言，说数年后，电子书就会吃掉大部分纸质书的市场份额。如今，十来年过去了，那些人的预言并没有实现，电子书的市场份额在整个图书市场中，只占两成左右。图书市场，大部分江山还是牢牢掌握在纸质书手中。

我认为，电子书无法取代纸质书的原因有如下几个。

首先，大多数人还是更习惯阅读纸质书。

其次，纸质书更便于阅读。虽然一个平板电脑可以下载很多本电子书，而且随身携带很方便，但人在读书时，也得一本一本地读，不可能同时读好几本书。

最后，书店是收集情报的重要场所。有的时候，只要路过书店，即使我不想买书，也会进去逛逛。在书店里，我能了解到当前哪些书籍畅销、哪些主题流行、哪类领域火热。总之，书店就是我把握时代潮流走向的一个重要阵地。而且，我经常是进书店时没想买书，可出书店时，却抱着一大兜子新书……

今后，电子书和纸质书的对战会是什么走势？我觉得，短时间内，电子书还无法取代纸质书的地位。因为电子书没法像

纸质书那样激发读者的兴趣和想象力。

说得再直白一点，手捧纸质书，能给读者带来心动的感觉。但电子书总是给人冷冰冰的感觉，不太亲切。

## 一天一小时读书时间，让工作、人际关系都变得更加丰富

每天读书，有什么好处呢？让我们一起分析一下这个问题。

首先，读书可以让我们见识到不同的人生、不同的思维方式。

举例来说，读了沈头亮先生写的《战略策定概论》（产能大学出版部），就可以了解经营管理顾问的专业分析方法。如果没在麦肯锡这样的顶级管理顾问公司工作的话，很难接触到这样的理论和方法。但《战略策定概论》就可以让我们学到。

再比如，读了盐野七生先生写的《罗马人的故事》（新潮社），我们可以了解到作者在意大利工作、学习、生活几十年所获得的知识、感悟。这样的体验，只有读书才能带给我们。

其次，大量读书也能提高我们的工作能力。比如，我们的注意力更加集中、理解能力更强。

英国萨塞克斯大学的研究团队曾经进行研究，试图找到最

能帮人缓解压力的活动。他们监测受验者的心率、肌肉紧张程度，据此测定精神压力缓解的程度。

结果发现，听舒缓的音乐可以缓解压力 61%，喝咖啡缓解 54%，散步缓解 42%，玩游戏缓解 21%；而读书可以缓解 68%，是所有活动中最有效的。另外，研究人员还发现，人只要连续读书 6 分钟，精神压力就可以缓解三分之二。

最后，读书还能让我们学到人际交往的技巧（知识、行为、处理方法等）。要想了解社会的规则，除了亲身体验之外，读书就是一个捷径。

由此可见，读书的好处多多。每天读书，可以帮我们排解精神压力，度过平静、幸福的每一天。要说读书有什么坏处，我完全想不出来。

此外，读书还可以增强我们的修养，提高工作能力和人际交往能力，让我们的人生变得更加丰富多彩。

**聪明人的读书诀窍 12**

每天只要能确保 1 个小时的读书时间，你会发现自己的人生越来越精彩。

# 第三章 3

CHAPTER

# 聪明人有一套过目不忘的记忆机制

# 13
# 怎样读书才能“过目不忘”

什么样的读书方法更有利于记忆?

## 读过的内容，人为什么会遗忘?

不管我们往头脑中灌输了什么知识，随着时间的流逝，都会渐渐遗忘。

我们没有必要为遗忘而感叹，因为我们大脑的构造决定了，遗忘是不可避免的。

如果我们能够了解一点人脑构造的知识，就可以大大提高学习的质量。

你听说过“艾宾浩斯遗忘曲线”吗？德国心理学家赫尔曼·艾

宾浩斯发现了著名的遗忘曲线，故此命名为“艾宾浩斯遗忘曲线”。

艾宾浩斯研究了人类记忆无意义的音节时，随着时间的流逝，会遗忘多少。艾宾浩斯将遗忘的比率数值化，就得到了下面的结果。

当人记忆无意义的音节时：

20 分钟后遗忘 42%

1 小时后遗忘 56%

9 小时后遗忘 64%

1 天后遗忘 67%

2 天后遗忘 72%

6 天后遗忘 75%

31 天后遗忘 79%

但关于这个研究成果，有一点需要提醒大家注意。在做研究的时候，艾宾浩斯让受验者记忆的是无意义的音节。那如果把记忆的内容换成有意义的数据，结果又会怎样呢?

举个例子，自己银行卡的密码和自己家的电话号码，我们一般会记得比较牢。假设银行卡密码由 4 位数字组成，如果在设置密码的时候,让这组数字之间没任何意义,我们也容易忘记。如果让这 4 个数字之间产生某种联系，就容易记忆了。家里的电话号码，一般也没有什么意义，之所以不会忘记，是因为天天都在打这组号码，这是反复加强记忆的结果。

再拿圆周率来说，对于我们一般人来说，圆周率之间的数字没什么意义，我们也没有特殊需要去记圆周率的多少位，只记住“3.14”就足够了。但世界上记圆周率最厉害的人竟然能背诵圆周率小数点后 70030 位数字，被载入了吉尼斯世界纪录。

大家可能都有体会，在上学时背诵历史年号是一件相当头疼的事，因为年号是一组无意义的数字。但我们可以采取一些方法，给这组无意义的数字赋予某种含义。谐音法就是一个不错的方法。举例来说，李渊 618 年建立唐朝，可记作“李渊见糖（建唐）搂一把（618）”；清军入关是 1644 年，可记作“一路死尸”（因为清军入关尸横遍野）……

通过各种方法，给无意义的数据赋予意义，遗忘率就没有艾宾浩斯曲线那么严重了。

## 将读过的内容固定在记忆中的习惯

艾宾浩斯关于记忆与遗忘的研究结果，对我们有什么启发呢？我认为重点主要有以下五个。

（1）在学习新知识的时候，如果赋予所学内容一些意义，就更容易记忆；

（2）反之，没有意义的内容，就很容易忘记；

（3）只要不断学习的话，随着时间的流逝，虽然也有遗忘，但积累的知识量会不断增加；

（4）在适当时机进行复习，可以将遗忘率大大降低；

（5）不要追求一下子记住，而是细分成若干板块进行反复记忆。

再给大家介绍另一个关于记忆的研究成果。加拿大滑铁卢大学的研究团队发现，当人从零开始学习一项新知识之后，只要在适当的时机进行复习，就可以让记忆率回升至100%。

但是，如果后续不进行复习的话，那么就会像"艾宾浩斯遗忘曲线"描述的那样，随着时间的流逝，头脑中对知识的记忆会越来越少。

不过，如果能在首次学习之后的24小时之内进行10分钟复习的话，记忆率可以回升至100%。在接下来的一周之内，只要复习 5 分钟就可以唤醒记忆。在一个月之内，复习 2~4 分钟就够了。

由此可见，在适当时机进行复习，是将知识深刻记忆在头脑中的窍门。对于学生来说，当天的复习、一周内的复习、一个月内的复习都至关重要。

如果不复习的话，等待我们的只有悲伤的结局，就是坐等记忆的流逝。一个月不复习的话，当初学的知识就会遗忘 80% 左右，到时还得从头再学一遍。

## 如何将读书的学习效果最大化？

下面我教你一个法则，只要按照这个法则实践，保证让你读书的效率倍增。

假设今天读第 1 页，那明天把第 1 页重读一遍，然后再读第 2 页。后天把第 2 页重读一遍，再读新的第 3 页。以此类推，到第 7 天的时候，应该读第 6 页和第 7 页，然后再复习一遍第 1 页。如此循环往复，当你用这种方法把这本书全部读完的时候，书中的内容已经牢牢扎根在你的头脑中了。

但也有朋友吐槽，这样读书的话，还有什么乐趣呢？当然，选择什么样的读书方式，首先要看自己读书的目的，如果是出于消遣、打发时间，那怎么读书都没关系。但如果是为了高效获取知识，那就应该采取我刚才推荐的方法，将书中的知识牢固地刻在自己的记忆之中。

艾宾浩斯将我们遗忘的规律加以数值化，绘制出了“艾宾浩斯遗忘曲线”；加拿大滑铁卢大学的研究人员则告诉我们将知识固定在记忆中的方法。

遇到你想记住的知识，学完不妨回头再读一遍，一个星期后复习一遍，一个月后再复习一次，基本上就忘不了了。

要想从书本中高效地获取知识，除了阅读量要大之外，还要注重记忆的效果。那最好的方法，就是在适当的时机进行复习。只要我们稍微改变一下自己的读书习惯，就可以收获更加丰硕的成果。

**聪明人的读书诀窍 13**

要想将知识牢固地铭刻在记忆中，在适当时机进行复习，是最好的方法。

# 14 怎样输出别人才愿意听

把读到的内容讲出来、写出来，可以让记忆更深刻。

## 读书时产生的灵感，就直接写在书上

要将读过的内容永远记忆在头脑中，具体该怎么做呢？

我推荐的方法是把读到的内容讲给别人听，或写成文章。

前面也介绍过，我读书之后，会把读到的内容以读书记事的形式写出来。当然，写读书记事是我的工作，我靠这个挣钱。如果只是为了记住书中的内容，没有必要非得写读书记事。

对于刚入门的朋友来说，一开始可以直接在书上记笔记，而且不用太正规，信手涂鸦就行，想到什么就写什么。读书产生了灵感马上就记下来。渐渐地练习用条目归纳书中的内容。当水平再提高一步的时候，可以尝试用 100 字给一本书写个简介。

在不断重复这种操作的过程中，书中的内容自然就固定在了我们的记忆里。

## 在书上信手涂鸦，让读书的印象更深刻

读书时，我特别建议大家在书页的空白处写下自己的感想，也就是前面第 83 页介绍的“批注”。

读书时只要产生想法，立刻就写下来，而且直接写在书上，字迹也不要求多工整，甚至信手涂鸦都可以。只有这样，才能留住瞬间产生的灵感、想法、创意。

也有的朋友喜欢在笔记本上做笔记，甚至用智能手机、电脑做笔记，但我觉得这样做笔记有点浪费时间，在这个过程中，头脑中的灵感可能已经变得模糊不清了。所以，有了好的想法，别犹豫，马上就记下来，别太拘泥于形式。

在这里我还要强调一下笔迹，有些朋友就害怕书被弄脏了，在书上写字都异常小心谨慎。我觉得这是多余的担心，这种担

心会占用我们额外的注意力，不利于阅读和记忆。

我认为，爱一本书就要把它“弄脏”。读到令我兴奋的部分，我会用马克笔进行勾画。如果书中的内容和我的思想碰撞出灵感的火花，我会毫不犹豫地拿笔记在书页的空白处。一本书被我读完后，往往已经变得“脏兮兮”了。

一本书读完，如果还像新书一样，很难形成深刻的记忆。

所以，尽量把书“弄脏”吧！

不需要专门的笔记本，书就是笔记本，在书上涂鸦吧！

当然，如果是从图书馆借来的书，可不能信手涂鸦，一定要爱惜好。自己买的书，就没有这个顾虑了，带着激情去阅读、去勾画、去批注、去涂鸦吧！

一边阅读一边记录还有一个好处，就是对书中的信息进行过滤，只留下需要的信息，筛除那些不必要的信息。因为勾画的、批注的地方，就是自己需要的信息。

另外，有些页面有重要内容的时候，有些朋友喜欢在那页贴一张浮签（一种便利贴）。而我的做法是直接给那一页折一个角。

浮签贴在页面上，会有一头露出书外。一本书贴很多浮签的话，第一不好看，第二浮签也容易掉落。浮签掉落的话，就找不到想找的那页了。我的方法比较简单粗暴，就是在需要的页面折一个角。这种方法比较传统，但也最为实用。

## 说、写，是头脑进行整理的过程

我们读完一本书，不管书中的内容多么精彩，结果不能有所输出的话，那也没有任何意义。为了输出，我们首先需要整理书中的信息。整理信息，需要将这些信息变成文字或变成语言。

整理信息，可以先从做记录开始，一开始哪怕是记笔记也可以。

另外，仅仅是把所读的内容讲给朋友、同事、家人听，也是一种有效的输出。把读到的内容，用语言表达出来，也能大大增加记忆的比例。

我们要养成把书中学到的知识讲给别人听的习惯，讲的对象、讲的内容都不重要，重要的是养成讲的习惯。这种简单的方法，可以帮助我们把学到的知识牢固地记忆在头脑中。

**聪明人的读书诀窍 14**

读书之后不输出的话，留在头脑中的知识会很少。

一开始可以从记笔记开始，用文字输出的形式把知识刻在记忆中。

# 15
# 哪个时间段读书更能提升整体效率

在头脑功能最强的时间读书。

## 将读书专注力提升至最高的诀窍

“我读书的时候，注意力总是难以集中起来。”这是很多朋友的烦恼。

精神不集中的时候读书，俗称“读书不走心”。知识根本没有进入我们的大脑，日后更谈不上有所输出了。

那对于这种情况，我们该怎么改变呢？

我觉得要想提高读书时的专注力，首先应该选择自己专注力最高的时间段读书。

就我来说，每天晚上睡前1小时的时间，基本上都是我的读书时间。

也有的人早上刚起床后的1个小时专注力最强，那就应该把读书时间安排在早上起床后。

经过一夜的熟睡，我们的大脑得到了充分休息，思路处于最敏锐的状态，所以早晨读书更容易吸收书中知识。而晚上入睡前，因为不会受到任何人的打扰，人又处于最为放松的状态，所以也适合专注地读书。

“早上起床后”和“晚上睡觉前”是注意力最容易集中的时间段。这两个时间段如何利用，将极大地影响一个人能力的培养和发挥。我觉得这两个时段用来读书最合适。要想让自己的人生变得更加丰富多彩，请先从合理利用早晨和晚上的时间开始吧！

## 提高专注力的最强方法

既然要在专注力最高的时段读书，那么有什么方法可以提高专注力吗？

我第一推荐的方法就是保证充足的睡眠。

睡眠不足，整个人体的机能就会下降。虽然前面我说早上起床后人的专注力很强，但如果前一天晚上睡得很晚的话，早上起来整个人昏昏沉沉的，根本谈不上专注。所以，睡眠不足的状态，根本不适合读书。

请大家牢记，充足的睡眠是提高专注力绝对不可或缺的条件。

接下来，就涉及如何提高睡眠质量的话题了。

我在睡觉前，会给自己一段充分放松的时间，让身心彻底放松下来。我要么听听轻音乐，要么陪宠物玩一会儿，也可能摆弄摆弄自己种的植物，还可以做做拉伸运动。注意，要泡澡的话，一定在睡前3小时泡完，这样才能保证睡觉时体温适中。

温暖的洗澡水（42摄氏度左右）可以刺激我们的交感神经，加速新陈代谢，促进体内疲劳物质和废物的排出。

如果水温过高的话，会使我们的神经过于兴奋，反而影响入睡。因此，水温最好不要超过42摄氏度。我泡澡的时候就会用42摄氏度的温水，泡在浴缸里我会慢慢活动脖子、肩膀，拉伸胳膊和大腿，将一天的疲劳都发散出去。

当然，每个人对水温的适应度不一样，不管用什么温度的水泡澡，只要自己感觉舒服就好。另外提醒大家一点，泡澡前后要注意补充水分。

睡觉之前，尽量不要吃东西、喝酒。电视、电脑、手机，更是不要碰了。

再有，泡澡之后绝对不要工作了。如果泡完澡后还熬夜工作的话，第二天，身体、精神根本恢复不过来。为了第二天能把身体、头脑的状态调整到最佳，一定要保证高质量的睡眠。所以，影响睡眠的事情，睡前一定要杜绝。

也有人认为，平时可以熬夜，只要周末睡个懒觉，就可以把一周欠缺的觉补起来。

对于欠缺的睡眠能否补起来的问题，美国宾夕法尼亚大学的研究者通过实验证实，昨天缺少的睡眠，是无法通过今天睡懒觉补充起来的，脑机能的疲劳是无法通过后来补充睡眠而恢复的。

所以，大家不要期待周末睡懒觉可以补充之前熬夜造成的损失，每天都要保证充足又高质量的睡眠。

**聪明人的读书诀窍 15**

读书之前，先把身体、精神的状态调整好。
良好的睡眠，是高效率读书的前提。

# 16
# 不可忽视的仪式感，帮你更快进入状态

就像运动员需要热身一样，读书也需要“热身”。

## 读书前的“热身”，让我们是放松身心

一提到热身，你会想到什么？

没错，我想大多数朋友都想到了运动员在比赛之前的热身活动。

拳击运动员比赛前的出拳练习、棒球运动员击球前的挥棒练习等，都是热身运动。

其实，这是运动员在赛前提高自身专注力的一种仪式。

我在读书之前，也会为了提高专注力而进行一些小小的

仪式。

对我来说，最放松同时精神最集中的读书场所，是在卧室的床上。我会先准备几支笔放在床头柜上，打开床头灯，然后上半身倚靠在床头。至此，读书前的仪式就完成了。

接下来，我就要一头扎入读书的世界中了。

这一系列仪式的目的，就是让自己放松下来。

有些朋友在床上读书，用不了多久就困了。这时，如果克制自己的困意继续读书的话，恐怕也没什么效果，书上的内容根本没法进入头脑。所以，如果读书读困了，就优先考虑身体的需求，睡觉就是了。

另外，长时间把注意力集中到一件事情上，是有一个极限的。定期的休息，是维持旺盛读书欲望的窍门。

如果读了一段时间，感觉有点疲惫，或有点厌倦了，就应该放下书本稍事休息。比如喝点水休息5分钟，做做伸展运动等，都可以有效地转换情绪。

## 飞跃性提高专注力的方法

不知你听说过没有，有的著名作家在创作新作品时，会找家僻静的小旅馆蛰居起来。蛰居期间，一气呵成地把作品写完。

他们为什么要在小旅馆中完成创作呢？也许有朋友会问："在自己办公室里写作，效率不是更高吗？"

其实，蛰居在小旅馆可以遮挡来自外界的一切干扰。在这样的环境中，作家可以排除杂念、专心致志，一气呵成地把作品写完。

著名作家村上春树先生在他的作品中就曾提到过，他有一些作品就是在国外的咖啡馆中写成的。在国外的咖啡馆中，没人认识他，也就没人会干扰他；他可以一边欣赏着陌生的街景，一边专注于小说创作。

需要专心工作的朋友，为了排除杂念，让心情平静、注意力集中，首先需要选择一个自己既喜欢又安静的场所。

我比较喜欢在新宿的商务酒店里埋头工作。在商务酒店的高层房间里，眺望着东京的城市街景，让我的心情特别舒畅。在这种平时很少来的地方，我可以专心执笔。而且，酒店房间里还有可以转换心情的家庭影院系统，我工作疲惫的时候，看场电影，就可以"满血复活"，继续投入到工作中去。

这种高级酒店，平日的房费也要 1 万日元左右（一天），可以说不便宜，但对我来说，这是保证高质量工作的必要花费，我是不会吝惜的。

我进入这种酒店，就好像打开了专注力的开关，可以全身心投入到工作中去。

这种方法也可以应用于读书。

肯定也有朋友表示反对，认为为了读书，花那么多钱去住酒店，太不划算了。

确实，为了读书而入驻高级酒店，确实有点奢侈，但去咖啡馆读书，我想大家就容易接受了。不管是酒店还是咖啡馆、茶楼，每个人都有自己喜欢的地方，只要找到能让自己放松又专注的地方，哪里都可以。

我以前在管理顾问公司工作，那是一个非常忙碌的工作场所。我感觉每天就像受到监视一样，必须拼命工作，神经随时紧绷着。长时间如此的话，人都要崩溃了。所以，每天我需要几个小时不见任何人、不接任何电话的私人时间。

这个时候，我就会去银座伊东屋旁边的连锁咖啡馆。那家咖啡馆很宽阔，桌子很多，不存在找不到座位的情况。而且，那家店位于大厦的地下一层，手机信号没法传到那里。所以，那里对我来说是一个绝佳的放松场所。

另外，工作之中，当我感觉身体特别疲惫、精神难以集中的时候，也会去那种收费的临时休息室小睡一觉。醒来之后，身心就像重新启动一样，又恢复了当初的活力。

为了专心工作，我会入驻新宿的商务酒店。除此之外，酒店也是商谈的好地方。酒店的大堂或咖啡馆，平时人比较少，桌子之间的距离也比较远，私密性比较强。酒店里的咖啡馆本来就是为客人见面、商谈而准备的。除了酒店的房客之外，很多企业的商务交涉也会安排在酒店的咖啡馆。酒店咖啡馆的员工，会礼貌地与客人保持适当的距离，不打扰客人们的商谈。

因此，我约客户洽谈业务的时候，一般都会选择酒店的咖啡馆。如果周六去酒店咖啡馆的话，你会发现大部分客人都是来这儿谈生意的。

另外，酒店咖啡馆的服务也非常到位。在商谈过程中，如果有什么紧急的安排或需要委托处理的事情，酒店的工作人员都会尽心服务，让客人没有后顾之忧。这些都是我选择酒店和酒店咖啡馆的原因。

**聪明人的读书诀窍 16**

为集中精神，需要一定的仪式感，合适的场所也必不可少。

需要专注工作的时候，应该切断一切外界干扰。

# 17
# 意想不到的小工具帮你提升读书效率

这些小工具可以提高读书专注力。

## 阅读 10 分钟，输出 30 分钟的诀窍

听说我用 10 分钟就可以读完一本书，再用 30 分钟还能完成读书记事的输出，很多朋友都不敢相信。即使他们相信这是真的，也认为我是被编辑逼迫的，在规定的截稿时间内必须完成工作，所以我才发挥出“狗急跳墙”的“神力”。这就像我们上学的时候，玩耍了一个暑假，在临开学前用 1 天时间就能把所有暑假作业做完。

这就是说，人处于紧急状态的时候，可以发挥出超乎自己

想象的能力。

既然暑假作业 1 天就能做完，那为什么不在刚放暑假的第一天就把作业全做完呢？因为刚放暑假的时候，人处于放松的状态，不可能完成“1 天做完作业”的“壮举”。只有临开学前，作业做不完开学后没法交差的时候，迫不得已，人才能发挥超出极限的能力。

把这种现象放在读书上，就是如何把自己“逼”到一种比较紧急的状态，通过制造紧迫感来把自己的潜能催生出来。

其实方法很简单，就是给自己设定时间限制。

我花 10 分钟读完一本书，再用 30 分钟写读书记事，最后再用 10 分钟进行投稿。

我给自己规定，发表一篇读书记事，要在 1 个小时内搞定。为了完成任务，每次我都是边看表边工作的，像打仗一样紧张。

给一项任务设定具体的时间限制，可以极大提高我们的专注力。专注力提高了，工作效率自然跟着提高了。

关于这一点，日本著名精神科医生桦泽紫苑先生曾说：“当人处于紧迫的状态时，脑内会分泌大量的去甲肾上腺素。而去甲肾上腺素的主要作用是提高人的专注力和学习能力，让头脑保持清醒。”

所以，给自己设定时间限制可以激发潜能的方法，已经得到了脑科学的验证。

## 厨房用的计时器，是高效读书的好伴侣

读书的时候，为了给自己增加紧迫感，我推荐大家使用厨房中做饭时使用的计时器。计时器，其实应该叫“倒计时器”，我们主要就是用这个倒计时功能。

其实，电子表和智能手机也具有倒计时功能，但我还是推荐大家使用厨房计时器。因为厨房计时器功能简单，或者说只有一个倒计时功能。

电子表、智能手机虽然也有倒计时功能，但它们还具有其他很多功能，容易分散我们的注意力。而厨房计时器就不会。最好选择数字式、字体大的计时器，那样时间流逝的感觉更加紧迫。你可以想象一下定时炸弹上的倒计时器，是不是紧张感爆棚？

“今天我读一本书，然后写一篇读书记事，限定自己最多只能花 ×× 分钟。”像这样，给自己设定具体的时间限制，可以大大提高学习效率。

自从进入社会工作，厨房计时器就没有离开过我，我基本上都是随身携带的。平时进行时间管理，演讲时确认时间进度，计时器都发挥了很大的作用。

即使到了现在，我演讲的时候，除了笔记本电脑可以显示时间之外，旁边我肯定还要放一个计时器。首先，我觉得在演讲过程中，看手表或看笔记本电脑上的时间，对听众不太礼貌；其次，使用计时器，已经成为我时间管理的一个必不可少的仪式。计时器的存在，让我更加遵守时间、珍惜时间。

我使用的计时器是一个价格 1000 日元左右、显示画面比较大的数字式计时器，还带有时钟功能。在我出差乘坐新干线列车的过程中，那个计时器简直必不可少。

虽然手机也有闹钟功能，但我乘坐公共交通工具的时候，会把手机设置成静音模式，没法发声也没法震动，所以这时不能利用手机的闹钟功能。以前，我曾因此而坐过了站，所以，再乘新干线列车的时候，我一定会带一个计时器。

## 记录读书时间，体验快乐成长

使用厨房计时器，还有一个目的就是记录各项作业完成的时间。我有一个朋友，他的枕边会放一个计时器，用来记录睡眠的时间，他可以说是一个“计时器重度使用者”。我觉得倒没有必要对计时器依赖到那种程度。

如果我们能每天记录从事一项作业的时间，天长日久，累积起来的作业时间，将给我们带来极大的成就感。而实际上，我们已经通过长期的坚持，在现实中取得了相应的成果。记录累积作业时间，就像游戏中的“打怪升级”一样，给人一种欲罢不能的感觉。

就拿读书来说，经过日积月累的练习，当累积阅读时间达到一定数量，我们的阅读能力会越来越强。读一本书所用时间会越来越短，而捕捉书中要点也越来越精准。甚至读过一遍之后，就知道哪个要点在书中的哪一页。

总而言之，计时器是一种能够激发我们潜力的“神器”。当计时器把剩余时间显示在我们面前时，我们不得不催促自己的大脑高速运转。这时，不仅可以高效吸收知识，也容易闪现出灵感的火花。

“只剩 1 分钟啦！”这种紧迫感，能让我们的注意力高度集中起来，尤其是数字式计时器压迫感更强，指针式的稍差一些。

明治大学文学系教授斋藤孝先生，写出好多本畅销书，他曾说过："使用秒表可以让学习、工作的速度提高好几倍。"

还有很多名人，也喜欢在工作中使用秒表管理时间，我想秒表和我的厨房计时器作用是一样的。只看自己更适合哪一个，反正我们的目的都是一样的——更好地管理时间，提高工作效率。

**聪明人的读书诀窍 17**

要想提高读书速度，厨房计时器是个法宝。

我推荐显示画面大、数字式的计时器，除了倒计时之外，最好不带其他附加功能。

# 第四章 4

CHAPTER

## 聪明人获取、加工信息的方法

# 18
# 聪明人懂得“有效上网”

上网浏览网络新闻、社交媒体
以及使用搜索引擎的方法，不同于读书。

## 网络媒体的实效性最佳

前些年在日本，《周刊文春》（1959年创刊、文艺春秋）和《周刊新潮》（1956年创刊、新潮社）两份周刊，以发布最新头条新闻著称，实效性相当强。这两份周刊的专长就是刊登报纸、电视不会揭露的新闻。

《周刊文春》曾报道过著名乐队的解体风波、知名政治家的婚外情等新闻，引起读者广泛关注。《周刊新潮》曾报道政党丑闻等，也受到读者追捧。

但是，就实效性而言，现在的网络新闻更胜一筹。一个新闻事件，在网上每天都可以看到进展情况。社会上发生什么大事，各大门户新闻网站都会报道，小网站也会纷纷转载。

如果是周刊的话，报道的情况就完全不一样了。不管怎么说，周刊，每周才出一期。记者发现一个新闻线索，会先在编辑会议上提出选题，经过讨论后，编辑部决定报道，才会有后续的采访、报道。因此实效性相对较差。为了迎合时代潮流，最近《周刊文春》和《周刊新潮》也在大力发展线上新闻。

另外，现在新闻在网上的传播速度非常迅速，主要得益于推特、Facebook 等社交媒体和新闻 App 的兴起。

根据日本 ICT 研究所的市场动向调查（2018 年 5 月发表），预计在日本到 2020 年末使用新闻 App 的用户将达到 5630 万人。

全体国民的四成（5000 万人）使用新闻 App 的话，那新闻 App 绝对可以称得上是一种影响力巨大的媒体了。

调查显示，新闻 App 的使用者以 30~50 岁的用户为主体，这个年龄段的人群，也是网络新闻的主要读者。

另据新闻通信调查会 2018 年发表的调查结果显示，网络新闻的浏览率已经超过了报纸（早报）的浏览率。

关于报纸的发展趋势，在日本有 49.6% 的人认为随着网络的普及、发展，报纸的作用将会越来越小；而 34.4% 的人认为“报纸将会延续以前的新闻报道作用”。

总而言之，人们阅读新闻的方式、收集信息的方法，正在发生翻天覆地的变化。

## 读取网络信息的要点

网络上的信息就像天上的星斗，用“无穷无尽”来形容也不为过。鉴于这种情况，如何从庞大的信息中取舍就显得非常重要。

尤其要引起注意的是网络新闻的阅读方式。大部分网络新闻是可以免费浏览的，从经济的角度来说是非常划算的。

但是，网络新闻因为量太大，可以说什么新闻都有，鱼龙混杂，所以我们不一定能找到对自己有用的信息。

还有一点，网络新闻中有很多是虚假新闻，一定要擦亮眼睛，学会辨识。不仅有虚假新闻，还有根据不足、夸大其词、无中生有等多种劣质新闻，大家要小心。从新闻网站的角度来看，目的是获得更高的点击量，所以，能够博人眼球的新闻，会优先发布。在一定程度上，这样的出发点，造成了新闻质量不高的现实。

而且，新闻网站在发布新闻时，并不会过多考虑新闻适合什么读者，因为网站并不是为读者适配新闻的服务机构。新闻网站的收入源是广告费。只有点击量大，才能获得更高的广告收入。趋利的出发点，让网站对新闻质量的把关比较宽松。

现在浏览器还有一个非常厉害的功能，就是根据用户以前浏览的历史、习惯，自动为用户推送用户可能感兴趣的内容。这就是所谓的大数据和人工智能。

举例来说，我经常在浏览器中浏览与“读书”有关的内容，浏览器就会根据我的浏览历史，向我推送更多与“读书”有关的内容。但是，满眼都是这类内容，让我没法去看其他内容。所以我也不知道这个功能对读者来说是好事还是坏事。

浏览器的这种智能功能，虽然可以提高取舍的效率，但极大限制了用户浏览信息的宽度，容易造成视野狭窄。可见，网络上还是有很多“坑”，我们要学会跨过这些“坑”，让网络为自己服务，而不是自己被网络束缚住。

那么，该如何在网上选择值得信赖的信息源呢？大家可以关注一些官方的新闻网站、门户网站或报纸的电子版。这些大网站上的信息，相对可靠度更高一些。

另外，同一款新闻 App，不管 PC 版还是智能手机版，内容都是一样的。大家可以根据自己的使用习惯，选择使用电脑还是手机。

## 网络检索的要点

关于网络检索，我们常用的有 Baidu（百度）、Google（谷歌）。只要在搜索引擎中输入想要检索的关键词，就可以出现很多相关信息。

但还是那个老问题，网络信息中的“杂音”太多，如何排除大多数无用的干扰信息，找到自己真正想要的信息才是关键所在。有朋友说“维基百科”不错，其中的内容比较精准，干扰信息少，而且还是免费的。

但是，我觉得维基百科也不一定完全可靠。因为维基百科中的词条都是由志愿者编辑上传的，志愿者都是无偿劳动。所以也有不少内容缺少根据，或存在明显错误。因此其中的内容也不能全信，要靠自己的辨别和比较，才能去伪存真。

具体该如何排除那些虚假信息，找到真实信息呢？我的办法就是在多个搜索引擎中检索相同内容，然后对找到的内容进行横向比较、相互印证，往往能发现其中的错误，也能排除这些错误。

## 从推特等社交媒体获得信息的要点

还有一个方法可以提高自己对信息的敏感度。

社交媒体现在已经相当普及，相信大部分读者朋友也都有自己的社交媒体。

像微信等社交媒体软件比较重视社交性，封闭性比较高，无法匿名发布消息，因此收集新信息、扩散信息的能力比较差。

而推特的信息扩散能力就比较强。有很多专业人士有自己的推特，并在推特中只发送相关专业信息。所以我们可以搜索自己感兴趣的相关专业人士，就可以获得他们发布的最新专业信息。

我只要打开推特，关注的那些专业人士的信息就自动弹出来了。而且，推特可以用昵称登录，所以匿名性比较强。可以在不暴露自己身份的前提下收集信息。

另外，遇到特别有意义的内容或新闻，可以转发或收藏到自己的账号，自己的朋友也可以看到。再写一些评论或看法，可以加深自己的记忆和理解。因为别人也能看到自己写的评论，所以在修辞和措辞上要仔细琢磨，这也是一种难得的写作训练。

**聪明人的读书诀窍 18**

网络上的信息浩如烟海。

从无数的信息中进行取舍非常重要，也需要高超的技术。

# 19
# 聪明人懂得利用报纸把握社会动向

聪明人善于利用报纸的信息。

## 报纸可以让我们从整体上把握世界的动向，这一点报纸比网络强

现在购买、阅读报纸的读者已经出现了大幅减少的趋势，但我觉得不能忽视报纸的作用。

我读报纸的时候，主要看社会政治、经济的动向。因为政治上的决定，对经济的影响巨大。我主要订阅了《日经新闻》《读卖新闻》《朝日新闻》和《产经新闻》四份报纸。要问我为什么订阅这么多份报纸，因为阅读不同主张的报纸，可以培养我

们客观看问题的视角。

阅读报纸，可以俯瞰整个社会。从信息的质量来说，相较于其他媒体，目前报纸还是最高的。

从事服饰行业的朋友，可以订阅《织研新闻》；农业从业者可订阅《日本农业新闻》；想了解国际政治、经济形势的朋友，除了日本主要报纸外，还可以订阅《华尔街日报》《金融时报》以及CNN、路透社等的新闻报纸，这些著名国际报纸都有日语版，不懂英语的朋友也可以读。

《日经新闻》《读卖新闻》《朝日新闻》和《产经新闻》是日本的主要报纸，它们涉及的领域、报道的新闻和主张，都各有不同。

《日经新闻》，主要报道经济新闻。最近，读者人数也有所下降，但《日经新闻》的电子版在各大电子版报纸中，浏览量排在第一位。《日经新闻》除了报道经济新闻外，还会报道左右经济的政治和国际关系状况。对于商务人士来说，这是一份必读的报纸。

《读卖新闻》发行量曾创下全球之最，还被收录到《吉尼斯世界纪录》中。该报纸比较保守，采取中间路线，定位为大众报纸，所以突出的特点是“简单易懂”。内容的构成很容易吸引大众读者。

《朝日新闻》与《读卖新闻》处在对立的两极。因为《朝日新闻》报社还主办了全国高中棒球锦标赛（该赛事在日本极受欢迎），因此民众对该报纸的印象很好。该报思想倾向自由主义，经常有一些比较激烈的主张。

《产经新闻》发行量不是很大，走的是保守路线。举例来说，《读卖新闻》不会批评自民党，但《产经新闻》如果觉得自民党哪里做得不对，就会毫不客气地予以批判。《产经新闻》的发行量只有《读卖新闻》的六分之一左右，但因为其相对独立的观点，存在感比较强。

因为信息存在不对称，接受信息的一方（读者）被称为“信息弱者”，他们容易对公众人物的言行不假思索地接受，更容易受到知名组织、机关的影响。我们作为读者，为了克服这样的弱点，我建议大家养成精读报纸的习惯，而且同时精读多份报纸。当我们把各个报纸的主张认真读过一遍之后，自然就能总结出最为客观的观点。不过，为了达到这样的目的，我们需要先锻炼出强大的理解能力。

## 商务人士，一定要读《日经新闻》

现在，只要我们打开电脑、拿起手机，就可以看到各种各样的新闻。但是，如何从浩如烟海的信息中选择真实的、可信的、客观的、自己需要的信息呢？这是需要一定技巧的。

我觉得，如果你还没有办法从无数的信息中进行取舍，那不如先从读《日经新闻》开始吧。

《日经新闻》除了报纸外，也有电子版。入门读者，我建议就从读报纸开始。当对《日经新闻》的报道流程、版面安排等有了了解之后，再看电子版也可以。

报纸的第一版，一般刊登的是报社的主张或最想让读者知道的新闻。看过第一版后，我们就能知道当前社会上发生的大事，可以了解当下民众最关心的事情，或社会上成为话题的事情。

第二版会刊登社论，我认为没有必要把社论全部读完。只要确认一下主题和各个段落的小标题就可以了。

另外，新闻报道中会出现很多数字。数字没有必要都记下来。只要大体记住新闻事件的内容就足够了。我们读报纸不是为了考试，记住数字也没什么用，而且记多了也容易混淆。

在这里我要告诉大家读报纸的一个重要技巧，那就是关联阅读。看到一篇新闻，我们要学会联想，然后查阅相关资料，一路挖掘下去，可以获得更深更广的信息。举例来说，报纸上报道日本企业纷纷向外国转移生产基地。聪明的你一定想知道，日本都有哪些行业在向海外转移生产基地？转移到哪里？这将给日本经济带来什么样的影响？带着这些问号去查阅相关资料，你就能对这个问题形成一个整体的把握。

## 可以利用《日经新闻》建立数据库

《日经新闻》有一个不起眼的“人事栏”，相信很多朋友不会对此感兴趣，甚至从来不去看这个栏目。但我非常重视这个栏目，还会把它都收集起来做成剪报。“人事栏”中主要刊登各大公司高级管理者的人事变动。我建立的“人事数据库”就是基于《日经新闻》的“人事栏”。对于把握各个企业的经营动向有很大的帮助。而对于商务人士来说，建立自己独特的数据库，是必不可少的工作技能。

积累了一定的读报经验之后，你就应该掌握了有重点的读报技巧。认真读第一版，其他版面只读重点，读完一份报纸总共需要 10 分钟左右。坚持一段时间，就能形成良好的读报习惯。

**聪明人的读书诀窍 19**

《日经新闻》是一个信息的宝库。

长期读报，熟练之后，10 分钟可以读完一份报纸。

# 20
# 不同类型的杂志有不同的阅读技巧

三本商务杂志是基础，专家团队的报告也不应错过。

## 杂志的内容比报纸更深入

对于经济或经营不太在行的读者朋友来说，一上来就读《日经新闻》的话，门槛似乎有点太高了。

如果你读《日经新闻》感觉头疼的话，我建议不妨先买一些经济杂志来读一读。在日本，经济杂志比较出名的有《钻石周刊》《东洋经济周刊》《日经商业》三种。下面我就分别介绍一下它们各自的特点。

## 《钻石周刊》的阅读技巧

《钻石周刊》会刊登各个行业详细的动向、背景以及问题。对于入门商务人士来说，这是非常简单易懂的一份杂志。

《钻石周刊》虽然是一份经济杂志，但也会刊登主题广泛的专题文章集。阅读这些文章集，我们可以获得大量的行业背景信息。长期积累的话，在某一领域绝对可以成为“消息通”。而且，《钻石周刊》的排版非常灵活，读久了也不会疲劳。

一般的经济杂志，都是纵向排版、每页分成四个板块。但《钻石周刊》文字稍大、行间距也比较大，读起来更加轻松。

在各类经济杂志中，《钻石周刊》的内容也是比较平易的。求职中的大学毕业生、刚进入社会工作的新人、刚被调到经营策划部门工作的新手等，我都推荐阅读《钻石周刊》，对学习、工作一定大有裨益。

长期订阅《钻石周刊》可以享受30%的优惠，在校学生订阅的话，最高可以优惠60%。不想长期订阅的朋友，也可以一期一期选择性地购买，对不感兴趣的主题，可以不买。

## 《东洋经济周刊》的阅读技巧

《东洋经济周刊》和《钻石周刊》比较接近，只是内容的难度稍微高一点。话虽如此，和《钻石周刊》一样，《东洋经济周刊》同样适合入门商务人士。

《东洋经济周刊》由东洋经济新报社发行，该社还会发布各个公司的季度财务报告。因此，对于股票投资者、企业分析人士等，这份周刊是必读的。

另外，每周发行一期的经济周刊，其内容的实效性肯定不如每天发行的报纸。要想实时把握最新的消息，还是报纸更合适。但是，《东洋经济周刊》会对一些重大的新闻事件进行深入挖掘，作为特辑刊登出来。这是其他报纸难以比拟的，我们可以从经济周刊上看到新闻事件背后的事情。

## 《日经商业》的阅读技巧

原则上讲，《日经商业》很少通过中间商进行零售，大多采取“订阅 + 直送”的方式将杂志直接送到个人读者或企业读者手中。

但是，在一些偏重经济书籍的书店（如纪伊国屋书店、丸善淳久堂书店等），也能买到《日经商业》。

从内容上看，《日经商业》会介绍发生在商业最前线的重大事件，并进行深入分析和解读。

另外，《日经商业》还会根据上市公司的股票价格、业绩等对企业进行深入分析，并预测企业未来的经营战略和股价走势等。可以说，报道有深度是这份杂志的一个重要特征。（近年来，《日经商业》报道大塚家具等一些企业的案例，在社会上引起广泛关注。）另外，出版社还会请经济专家分析国家的经济指标，预测社会经济发展动向，对读者把握国家经济脉络大有帮助。

就读者层而言，我觉得入门者不太适合读《日经商业》，企业中层以上管理者才适合。日本大多数经济杂志都是纵向排版，但《日经商业》很独特，采用了横向排版。一页中，横向排版，文字量要大于纵向排版。

另外，与《钻石周刊》和《东洋经济周刊》相比，《日经商业》刊登的投资、管理、大学排序、人才录用的专题特辑比较少。

以上三份杂志都有电子版，而且，它们的电子版内容都和纸质版有所不同。电子版的内容和表现方式都进行了改变，要浅显一些。但是，从内容的完整性和深度来说，我不推荐大家读电子版。

除了经济杂志之外，我还建议大家阅读专家团队发表的各种报告。因为这些报告专业性很强，所以难免有一些读不懂的地方，但主要我们有提高自己的意愿，就可以通过努力学习、研究来弄懂其中的内容，使自己的水平更上一层楼。

**聪明人的读书诀窍 20**

《钻石周刊》《东洋经济周刊》《日经商业》，是商务人士手中必不可少的杂志。

除了经济杂志以外，商务人士还应该研究专家团队发表的各种报告。

# 21
# 怎么读书能有效提升自身修养

综合素质是强大的武器。

## 增加自身修养的捷径——重学教科书和参考书

修养，不是能够立竿见影创造价值的知识或能力，却是我们的基础能力。

对于修养这个词，可能不同的朋友有不同的理解，定义也有很多种，我认为所谓修养，应该是解决问题的基础能力。现在的大学教育，已经开始更多地引入社会问题，让学生思考解决这些问题的方法，这是一种综合能力的培养。企业招聘的时候，也更注重寻找那些能够用自己的头脑进行思考并采取行动解决问题的人才。

我们学习的知识，大部分不可能马上就用得上，但它们是解决问题的基础。我们解决问题的能力，会随着经验的积累而不断提升，但都离不开基础修养。而读书就是增加修养的有效手段。

修养，是一个非常宽泛的概念。有些朋友虽然想提高自己的修养，可一时不知道该从何下手。我的建议是先从政治、经济学起。

为什么要从政治、经济开始学起呢？因为政治、经济方面的知识，可以给我们带来更加开阔的视野，可以让我们站在更高的地方俯视整个社会，看透社会问题的本质，找到背后的原因。

我们所有人的生活，都不可能摆脱国家政治的影响。因此，理解政治、经济的原理，便可以理解我们作为个人在社会中的位置，也有助于我们建立正确的世界观、价值观，从而建立正确、客观的判断能力。

对于已经进入社会工作的商务人士来说，如果想提高自身修养的话，我有一条经验介绍给你，那就是重学学生时代的教科书、参考书。

另外，我还建议大家重新复习一下小学数学。你可别小看小学数学，我们在工作中，应用的数学知识大多是小学数学。

一听我说要重学小学数学，估计很多朋友会表示不屑一顾，认为自己在数学方面绝对能够“完胜”小学生。实际上，很多朋友知道如何做小学数学题，但要让他们把这些题给小学生讲明白，恐怕就做不到了。这说明他们对小学数学的理解还不够透彻。因此，需要重新学一次，而且，这次再学就是要把小学数学的原理彻底搞懂。

## 经典名著，是修养之源

经典名著能够流传千百年，一定有它的道理。在读经典名著的时候，一定要带着问题去读，就是找到它能成为经典的原因。

经典名著，读第一遍的时候，采用常规阅读法。第二遍以后，就可以按照自己的想法有针对性地读了。

举例来说，夏目漱石有一部小说《我是猫》。小说第一句话是“我是猫，还没有名字”。第一次读到这句话的时候，我突然想把它改成文言文，心想这样读起来应该会更有趣。

于是便有了“吾者猫也，尚未取名”的改编想法。但是这样读下去，发现味道不对，和夏目漱石先生想表达的意思相差甚远。于是，我更加敬佩夏目漱石先生笔触的精准。

川端康成的《雪国》第一句话是“穿过国境长长的隧道，便是雪国”。读完全书后，才能从整体上理解这句话的含义。

《雪国》作为川端康成的代表作，其中的一些内容引起了读者的热烈讨论。就拿第一句原文中的“国境”来说，读者中的理解大体上可以分为两种：一种认为“国境”是“边界”的意思；另一种认为“国境”就是国与国之间的界线。因为《雪国》的故事背景发生在“上越”，“国境”指的是“上越国境”。关于这个争论，至今没有一个结果，因为川端康成先生从未就此发表意见。

顺便提一句，我支持第二种主张，把“国境”理解为“国与国之间的界线”更符合书中意境。你是怎么理解的呢?

总之，读经典名著是很有乐趣的。希望你也找到适合自己的阅读方式，把阅读经典名著当成人生的一种享受。

**聪明人的读书诀窍 21**

重学教科书、参考书，阅读经典名著，可以提高我们的修养。

# 第五章 5
CHAPTER

## 聪明人读书，不仅仅是读完而已

# 22
# 能合理输出，才算真的读完

输出之后，才算真正读完一本书。

## 如何在有限的时间里获得最佳的效果

“你一个月能读几本书？”

“最近你读到什么好书了？能给我讲讲吗？”

当突然被人问到这样的问题，你能不假思索地流利作答吗？

我想肯定很多朋友无法马上作答，“这个……”然后就语塞了。

如果像这样读书的话，那读完了也没什么收获，人自然也无法获得成长所需的养料，自然也就无法成长。像我前面一直强调的那样，读书之后没有输出的话，等于白读了。

所以，在这一章中，我将教你在有限的时间里获得最佳输出效果的秘诀。

读书之后进行输出，方法有好几种。

在前面的章节中我介绍过，可以在书上进行勾画、批注，也可以把书中的内容讲给别人听。这些都是有效的输出方法。

如果还想进一步提高自己的输出能力，也可以像我一样，读完一本书之后，写一些感想、评论，发表在自己的博客、微博或微信上。

要想通过文章来传达自己的想法，首先要让读者愿意读下去。也就是说，我们写的文章要有足够的吸引力，这是需要一点技巧的。

写文章最重要的就是最初的100字。写在稿纸上的话，就是最初的三行文字。如果这三行文字没法抓住读者的心，那么他们就没有意愿再读下去。

下笔之初，我们应该先尝试用三行文字（100字左右）概括文章的大意。而且要学会换位思考，把自己放在读者的位置，思考怎么样的写法才能吸引读者的注意力，抓住读者的心。

我要提醒大家注意一点，一篇文章在写前三行的时候，也就是开篇明义的时候，不需要太多的写作技巧。如果把心思都花在组织语言、堆砌辞藻上，而脱离了文章的大意，那写出来的这100字，也不会吸引读者。我们必须在前三行把自己的观点、主张表达清楚。

在我们的日常工作中也是如此，想要表达的要点一定要弄清楚，不要过分重视技巧而忘记了自己最初想要表达的关键点，那样就本末倒置了。

在公司制作策划书、PPT演示资料、会议资料，也是同样的道理。

我们所处的时代，充斥着数不清的商品和服务，在这样的环境中，如果不能让对方一眼看到我们不同于其他商品或服务的优点，对方是不会对我们产生兴趣的。

再回到写作，我们先要学会站在读者的角度考虑问题，考虑读者需要什么，然后再下笔。文章的开头，一定要把自己的观点、意见表达清楚。

面向什么人、以什么目的传达些什么、怎么传达，在头脑中把这些问题整理清楚，你就能成为一个写文章的高手。

**聪明人的读书诀窍 22**

从书中读到的内容，要写成文章，传达给别人。

# 23 聪明人输出的 3 个小技巧

输出也需要“套路”。

## 先写结论

写文章时，结构很重要。谈一点我在文章结构上的心得，那便是先写结论。你可以想象一下两个人聊天，假设一方东拉西扯，没有一个主题或中心思想，对方听得一头雾水，也不知道聊者想表达些什么，那肯定不想再听下去。

写文章也是一样的道理。不先阐明自己的观点，那堆砌再多的内容，也没法让读者领会我们的意思。为防止这种情况的发生，我建议大家在文章的开头，先写明结论。这样做主要有两个原因。

第一个原因，为读者着想。

读者读我们的文章，是要花费时间成本的。我们“占用”了读者的宝贵时间，就有义务把自己想表达的观点条理清楚地呈现在读者面前。

我们把最重要的结论写在文章开头，让读者一眼就能看清文章的宗旨，让他们可以做出判断——是否有必要继续读下去。这样可以防止读者浪费不必要的时间读不感兴趣的文章。

第二个原因，是准确传达给读者自己要表达的。

在文章的开头表明观点，更容易将自己的想法准确地传达给读者，也更利于读者的理解。一开头，读者就看清了我们的观点，再通过后文的解释说明，让读者更容易接受我们的观点。

试想一下，一篇文章洋洋洒洒写了很多，但始终没有一个明确的观点，读者看了也会头晕，根本抓不住书所论述的中心思想。所以，为了让读者准确理解作者的意图，作者首先就要亮明观点，其次不要说废话，珍惜笔墨。

## 吸引读者读到最后的小“套路”

你在自己的社交媒体上发表文章的时候，肯定希望读者能够读到最后。为了吸引读者把文章读完，据我所知，有不少朋友会在写文章时加入一些小“套路”。

举例来说，如果以“聚会通知”为题，读者就容易点开阅读。另外，文章的内容以螺旋式推进，再加入“详情请见后面”“最后有惊喜”等提示语，就能把读者一直吸引到最后。

其实这和电视节目为了提高收视率而使用的“套路”是一个原理，而且非常有效。

最近，很多网站中的文章，就会“套路”读者。比如，在文字旁边的空白处，插入一个占星或抽奖的小程序，但要想知道结果，就必须得把文章读完，最后才能看到结果。很多读者为了看到占星或抽奖结果，会坚持把文章读完。还有一个方法就是在文章最后放一篇《编辑后记》。如果是电影的宣传文章，除了介绍电影的故事梗概之外，最好还要插入一些“花絮”“NG镜头”等题外话，从而吸引读者的兴趣。

再谈谈我的经验，如果我的目的就是想让读者读完我的文章，那么在博客、电子杂志、Facebook 介绍这篇文章时，我只给读者看到最初的 100 字。

“欲知后事如何，请移步 https://……”因为那 100 字，概括了整篇文章的中心思想，通过这段介绍，我有信心吸引大部分读者。

最近一些新闻网站，也采取了类似的“套路”。比如：注册成为会员，每月将享受三天免费看新闻的优惠。另外，对于非注册读者，每条新闻只能看前面几句话。这样“吊起”读者的胃口，就是鼓励他们注册成为会员。

以上讲的都是单向发送信息的方式，作者写、读者读，两者之间不能进行实时的交流。因此，作者就需要把自己的个性展现在文章中，这样才能吸引读者。我们可以准备一些表现自己个性的内容，在写各种文章的时候都可以用上。

## 学会讲故事

当你熟练掌握用 3 行（100 字）来概括文章中心思想的时候，你写文章的篇幅可以轻松达到 1000~1500 字。一篇 1000~1500 字的文章，完全可以胜任博客文章、新闻、读书记事等。

当文章达到 1000~1500 字的时候，除了清晰的观点之外，还要具备完整的故事。要想写出一个完整的故事，最初就要把终点（目的）设置好。事先设置好目的，有以下三个理由。

**1. 没有目的，文章就没法完结**

没有最终目的的文章，故事情节该往哪儿发展呢？势必不可能形成完整的故事。所以，没有目的的话，文章是不可能完整的。那样写文章，就像登上了一艘没有海图也没有指南针的船，不知道最终会漂到哪里。

**2. 中途可能触礁，无法抵达终点**

乘上一艘没有目的地的船，就只能在大海中盲目地行驶，要么用尽燃油后随波逐流，要么中途触礁沉没。

写文章也是一样，为了不中途出问题，我们一定要事先设定一个终点。

**3. 中途发现矛盾，写不下去了**

没有设定写作目的的话，往往写着写着就出现矛盾，写不下去了。很多不死心的作者，会想方设法绕着圈子继续写，尽量把矛盾掩盖下去。结果可想而知，难以形成完整的故事，读者读不懂，也理解不了作者的意图。

这有点像一辆巴士原本预定在中途某地要停车，以便让原定中途下车的乘客下车。可是，巴士中途却没有停车，把所有乘客都载到了最后的终点，那原定中途下车的那部分乘客肯定非常生气。

另外，在朝终点行驶的路上，还需要加入一些不可或缺的要素：时间轴和起伏。

时间轴好理解，只要写明事件的时间先后顺序即可。起伏是指自己产生共鸣的地方。把自己的共鸣写得足够充分，可以提高文章的感情饱满度，也能提高表达的精准度。

我们的周围充满了各种各样的故事。电影、电视剧、纪录片、小说、音乐、广告、演讲……都包含着丰富的故事要素。婚礼上新人的演讲词，就是用新人恋爱经历编写的故事。

写工作文章，也可以借鉴生活中的故事。一开始，借鉴的可能只是故事的结构，熟练之后，情节也可以借鉴。

举例来说，以减肥为题写一篇文章的话，那么吸引读者的一个关键点就是：你是怎么瘦下来的？首先，通过描写主人公减肥前的样子，将读者代入故事，甚至引起他们的共鸣。然后展现主人公减肥后的样子，把减肥的成果和现在健康、优美的体态细致地讲述给读者听。前后的巨大反差，让读者的心情随着故事的发展上下起伏，这样也就抓住了读者的心。

**聪明人的读书诀窍 23**

把读到的内容高效、高质地加以输出，还可以提高自我认同感和成就感。

# 24
# 有助深化记忆的“推敲法”

最后一道工序，让输出更精准。

## 最后的关键——推敲！

文章写完后，要进行检查和修改，我把这道工序称为“推敲”。最后这道工序非常重要，它能让我们的文章变得更好、更准确、更精彩。所以，万万不可草草检查一遍就了事。这个时候，我们要让自己扮演一个挑剔的读者，以读者的角度对文章进行审视和批评。

不以挑剔的读者视角来审视自己的文章，就难以发现需要改善的地方。尤其是经常写文章的人，他们一般对自己的文笔比较自信，这种情况下就更难看见自己的问题。所以，谦虚的态度是永远不能丢掉的。接下来我教你三个客观审视自己文章的方法，希望你马上就将其应用到实践中。

**1. 隔天再来读自己写的文章**

半夜三更，头脑发热给仰慕的女孩写了一封热情洋溢的情书，第二天早晨再读一遍的时候，发现其中很多地方表达方式不恰当，可能重新写一封比较好。你有过相似的经历吗？我的意思是说，文章写完之后，给自己一个冷静期，隔段时间再去重读。到那时，我们可以更加冷静、客观地看待自己写的文字，也能找到问题所在，把文章修改得更好。

**2. 打印出来再读**

对着电脑屏幕看自己写出来的文章，与打印出来再读，你会发现感觉相差很多。打印到纸上，我们更容易发现文章中的错误。

**3. 出声朗读出来**

把自己写的文章，出声朗读出来。首先，让错误无处遁形，其次，朗读更容易把握文章的感觉。通过视觉、听觉两种感觉来确认自己的文章，可以大幅提高推敲的精准度。

如果有人可以帮忙就更好了，让他读给我们听。对方是第一次读这篇文章，对文章没有预设立场，也没有作者的主观感情。他读，我们听，能更好地感受文章所表达的感情。

另外，请第三者帮忙读文章，最大的好处是帮忙的人和我们的知识体系、知识储备不同，他们不容易理解的地方，可以代表更多读者的心声，这就给了我们及时修改的机会。

而且，找来帮我们审读文章的朋友，最好和设想的读者圈重合，这样我们就可以提前看到文章在读者中的反响，以便加以修改和润色。

客观推敲、修饰文章的方法有好多种，找到最适合自己的，并应用到实践中才最重要。

**聪明人的读书诀窍 24**

推敲，是让文章变得更好的最好一道工序。

变身成挑剔的读者，对自己的文章进行最严格的审核。

# 25
# 聪明人通过“读书→输出”的循环不断成长

读书和输出，是实现自我成长的最佳方式。

## 通过读书和输出，重新审视自己

我认为，改变人生的唯一方法，就是输出！就我自身的经历而言，以前我读了很多的书，也从书中学到了很多知识。可是，如果我不运用这些知识进行输出的话，我的人生就没有任何改变。自从我开始输出——写文章之后，我的人生就发生了翻天覆地的变化。

所以，大家在读书的时候，要有输出的意识。

输出的结果，是让我们体验到前所未有的自我成长感。我写的读书记事开始受欢迎之后，我办公室一天最多能收到10本新书，都是出版社寄给我，希望我帮他们写读书记事的。我发表读书记事的网站有好几个，但我不会给每一本书写评论。因为我要先读一读，只有值得写的我才会写。从整体上看，我收到的新书中，只有三分之一能通过我的筛选，其他的书我读完也不会写评论和推荐。

因为我发现，在网上发表读书记事，必须要积累到一定的数量才有可能获得成功。如果只发表一篇文章，投入的精力再多、写得再好，也不一定有多少网友看见。我发表读书记事的网站主要有JBpress、Otonanswer、J-CAST新闻、言论平台AGORA、LIMO等。其中，我的一篇读书记事曾被Yahoo新闻转载，获得了数百万的浏览量。这篇读书记事中介绍的图书，在亚马逊上一口气售罄，出版社马上再版印刷。像这样读书、写读书记事的工作，我每天都要做，而且已经持续了10年之久。现在，我已经成为一名小有影响力的专栏作家。

经常有人问我："每天那么忙，你还有时间睡觉吗？"其实我每天能确保7小时以上的睡眠时间。我是如何做到的呢？关键就在于我找到了输出的技巧，让输入和输出达到平衡，并且高速运转起来。工作效率高，耗时就短，自然就有时间休息和娱乐了。

人生，会因为输出方式的不同，而产生极大的变化。读书不要只停留在阅读，还要输出，仅此一个改变，就会帮你激发出极大的潜能。吸收了书中的信息和知识，经过仔细咀嚼再以营养的形式加以输出，才能给自己带来变化，也能给别人带来影响。

我认为，不管读了多少本书，如果没有输出的话，就不能给现实世界带来任何改变。我希望这本书能给大家带来一点启发，以后读书不要只停留在阅读的层面，一定要有所输出。

## 实现快乐成长，是读书的最高境界

据说最近书店中的商务书籍卖得不是很好。我想这是理所当然的事情，因为现在网络越来越发达，大家获取信息的方法发生了很大的变化。而很多商务书籍的作者并没有跟上时代的变化，书中的很多信息、观念、方法都已经落伍了，自然没有读者愿意买单。

在这个瞬息万变的时代中，用什么方式读书，也将影响人的一生。很多朋友喜欢在网上买书，而我独爱逛书店。书店中有各种类型的书籍，每个人都有自己的好恶，有些类型的书我们平时是绝对不会读、不会买的。但如果逛书店时，走到了那个角落，没准哪一本书就能激发出我们的读书欲望。以前不愿接触的领域，也许就会为我们敞开大门。

在网上买书的话，只有那些热门的书籍才容易出现在首页。很多好书，我们或许根本没机会看见。所以我建议大家多去实体书店逛一逛，即使不买，逛一逛也能激发我们的好奇心和求知欲。

书店除了买书、读书之外，我还有其他“玩法”。我去书店，一个重要目的就是发现书这种“物体”本身的魅力。翻开一本书，翻书的声音、纸张的质感、油墨的味道、书的重量、厚度……无处不散发着迷人的魅力。这也是我爱逛实体书店的重要原因。

另外，抱着一本书我还会思考：“印制一本书需要多少成本呢？”“这本书用的纸张很高级”“那本书每页留白的比例恰到好处”“这本书墨水的颜色很正”……站在出版社的角度考虑问题，有时能让我发现超越书本内容的信息。

如果你觉得花钱买书有点不值得，那我推荐你去图书馆借书。图书馆借书看是免费的，如果读者有特殊需求，也可以从图书馆购买图书。而且，现在图书馆的系统和服务越来越好，只需在网上填写申报手续，就可以办理借阅卡。

没有什么事比读书更能使人快乐了！

请你一定把读书当成每天的必修课！

读到这里，你是不是在想：下一本书我该读什么呢？

**聪明人的读书诀窍 25**

读书，是可以同时获得知识和成长的最佳娱乐方式。

请大家好好享受读书带来的乐趣吧！

# 后记

## 高效的阅读让你的人生丰富多彩

去年，日本曾对上班族进行了一项读书调查，结果显示每月读书不足1本的人竟然占到了六成！

当时大家对这一结果还不太相信。可是，你坐地铁的时候只要留心观察一下周围的人，就会发现，已经很少有人会捧着书读了，大多数人都在看手机。其中，有人是在上网浏览新闻，也有人在用手机读电子书。

也就是说，在当今时代，读书这件事并没有被废弃，只是读书的方法发生了变化，读书本身也发生了变化。

那么，我们该如何和书打交道呢？

虽然时代在变化，但关于读书，仍有一成不变的东西。

那就是我在这本书中一直强调的：

“按照自己喜欢的方式去读书。”

读书是一件快乐的事，而不是一种负担，希望大家都能享受到读书带来的乐趣。

我第一次写新闻记事，大约是在10年前。

当时，据我所知，在“Yahoo！新闻”等新闻网站发表读书记事的人，几乎没有。也正因为如此，我成了第一个吃螃蟹的人。因为不断地坚持，写读书记事也成就了现在的我——多少有点影响力的专栏作家。我写的读书记事，曾经创下数百万的浏览量，介绍的书籍也在亚马逊上被一抢而光。

如今，书评网站多了起来，这其中也许就有我的功劳和影响吧。

有不少新书，因为我写了读书记事或书评，而变得非常畅销。其中一本书我印象非常深刻。

那本书名叫《虽然痛苦到崩溃，却无法辞职的理由》（汐街可奈著绘，结城裕著，ASA出版社）。该书正式出版前，出版社给我送来一本预览版，并问我：“尾藤老师，你觉得这本书能畅销吗？”

当时，日本社会充斥着各种有关“自杀”的悲伤新闻。

·在15~39岁的日本人中，死亡原因排在第一位的是“自杀”；

·日本中老年（50岁以上）的自杀率也有明显增高；

·在发达国家中，唯有日本人的自杀问题比较严重。

读了那本书之后，我觉得它可能会成为掷向日本社会这潭死水的一粒石子。于是我毫不犹豫地写了读书记事，发表到了新闻网站。

我首次把文章投稿到“Yahoo！新闻”，就获得了国内浏览量第二名的好成绩。这让我信心大增，我觉得那本书和我写的读书记事，都很有市场。于是我第二次投稿，果不其然，这次就获得了国内浏览量冠军。

最终，那本书被新闻网站介绍了不下 20 次。随后，《读卖新闻》《朝日新闻》《每日新闻》等主要报纸媒体也都报道了那本书。TBS 的《NEWS23》节目还专门为那本书制作了特别节目。

到现在为止，那本书的总销量应该已经达到 12 万册，在日本算是相当畅销了。当然，最主要的功劳是作者的魅力和那本书内容的优秀，但我也算是助了作者一臂之力。

大家可千万不要小看书籍的影响力，为什么说书籍是一种伟大的媒体？因为它能给人心带来巨大的影响。

虽然说写读书记事是我的工作，但我读书，绝对不仅仅是为了写读书记事，而是为了增加知识、开拓见识，而且读书还能帮我构筑良好的人际关系。我认为，读书，比任何事情都更能丰富我们的内心。

现在，我已经过了知天命之年，我很珍惜人生剩余的时间。

能让剩余人生过得丰富多彩的，那就是读书。读书，可以把别人的知识、经验，变成自己的财富。而掌握高效读书方法之后，我们可以将更多人的知识和经验，变成自己的财富。换句话说，积累精神财富的效率能提高好多倍。

但是，只顾阅读，还无法完全掌握书中的知识，关键在于输出，这一点正是本书强调的内容。把输出拿捏到位，相信你读书的水平一定会有飞跃式提升。

读完这本书之后，我建议你先在微博、微信上写几句简单的书评。这虽然只是读书后进行输出的一小步，却也是帮你走向丰富人生的一大步！

真心希望这本书能成为你读书的一把钥匙，助你打开幸福的人生大门！

尾藤克之

北京市版权局著作合同登记号：图字 01-2021-7509

Original Japanese title: ATAMA GA IIHITO NO DOKUSHO JUTSU

Original Japanese edition published by Subarusya Corporation
Simplified Chinese translation rights arranged with Subarusya Corporation
through The English Agency(Japan)Ltd. and Shanghai To-Asia Culture Co., Ltd.

**图书在版编目（CIP）数据**

输出式阅读法 / (日) 尾藤克之著 ; 郭勇译. -- 北京 : 台海出版社, 2022.2
ISBN 978-7-5168-3196-0

Ⅰ. ①输… Ⅱ. ①尾… ②郭… Ⅲ. ①读书方法 Ⅳ. ①G792

中国版本图书馆 CIP 数据核字（2022）第016753号

**输出式阅读法**

著　　者：(日) 尾藤克之　　译　　者：郭　勇

出 版 人：蔡　旭　　责任编辑：俞滟荣

出版发行：台海出版社
地　　址：北京市东城区景山东街 20 号　　邮政编码：100009
电　　话：010-64041652（发行，邮购）
传　　真：010-84045799（总编室）
网　　址：www.taimeng.org.cn/thcbs/default.htm
E-mail：thcbs@126.com

经　　销：全国各地新华书店
印　　刷：唐山富达印务有限公司
本书如有破损、缺页、装订错误，请与本社联系调换

开　　本：880 毫米 × 1230 毫米　　1 / 32
字　　数：145 千字　　印　　张：6.5
版　　次：2022 年 2 月第 1 版　　印　　次：2022 年 3 月第 1 次印刷
书　　号：ISBN 978-7-5168-3196-0

定　　价：49.00 元